老年社会工作

主　编　倪赤丹　王　娟
副主编　胡晓乐
参　编　龙嘉慧　苏　敏　佃乾乾
　　　　梁　琳　周幸华　王　璐
　　　　苏雪萍　王会娟　贾继禹

北京理工大学出版社
BEIJING INSTITUTE OF TECHNOLOGY PRESS

版权专有　侵权必究

图书在版编目（CIP）数据

老年社会工作 / 倪赤丹, 王娟主编. -- 北京：北京理工大学出版社, 2021.11
ISBN 978-7-5763-0685-9

Ⅰ. ①老… Ⅱ. ①倪… ②王… Ⅲ. ①老年人 – 社会工作 – 高等职业教育 – 教材 Ⅳ. ① C913.6

中国版本图书馆 CIP 数据核字 (2021) 第 231498 号

出版发行 / 北京理工大学出版社有限责任公司
社　　址 / 北京市海淀区中关村南大街 5 号
邮　　编 / 100081
电　　话 /（010）68914775（总编室）
　　　　　（010）82562903（教材售后服务热线）
　　　　　（010）68944723（其他图书服务热线）
网　　址 / http: //www.bitpress.com.cn
经　　销 / 全国各地新华书店
印　　刷 / 定州市新华印刷有限公司
开　　本 / 787 毫米 × 1092 毫米　1/16
印　　张 / 11　　　　　　　　　　　　　　责任编辑 / 封　雪
字　　数 / 275 千字　　　　　　　　　　　文案编辑 / 毛慧佳
版　　次 / 2021 年 11 月第 1 版　2021 年 11 月第 1 次印刷　　责任校对 / 刘亚男
定　　价 / 31.00 元　　　　　　　　　　　责任印制 / 边心超

图书出现印装质量问题，请拨打售后服务热线，本社负责调换

前 言

党的十九届五中全会提出"实施积极应对人口老龄化国家战略",应对人口老龄化成为党和国家的重点工作。积极应对人口老龄化需要加强顶层设计,做到及时应对、科学应对、综合应对,构建综合应对人口老龄化的政策工具,引导多方力量参与。其中,社会工作就是积极应对人口老龄化的一支重要力量。

人口老龄化是我国长期面临的基本国情,老龄化速度快、老年人口规模大、老年人及家庭准备不足等将是我国积极应对人口老龄化面临的难题。以新发展理念构建高质量、可持续、创新型养老服务体系,将成为社会各界共同探讨的社会议题。面对扑面而来的"银发浪潮",在看到老龄化带来挑战的同时,要转"危"为"机",寻找"银发机遇",要通过制度建设、资源配置、人才培养、服务监管等,发挥政府、社会、家庭的作用,构建积极应对人口老龄化的社会现代化治理体系。另外,还引入专业社会工作者及社会工作的方法参与老年人服务工作,有着悠久的传承与成功的经验,而且老年人服务也是社会工作一个专门、成熟的服务领域,国内外的研究者均积累了丰富的理论研究与实践探索。我们应该以社会工作的优势视角看待老年人,吸引先进的老年社会工作理论,以专业社会工作方法服务老年人,通过社会倡导、促进参与、陪伴成长等促进老年人的社会融合与自我接纳,以"赋能"推动老年人及其家庭成为应对人口老龄化的第一责任人,积极备老,化解人口老龄化带来的社会焦虑,让每一位老年人都能获得幸福。

为了给职业院校学生提供老年社会工作的专业教材,以及为老年社会工作实践领域的能力提升与培训提供指导,编者在本书的编写过程中贯彻"工作任务导向"和"产教融合"的职业教育理念,具体体现在以下三个方面:一是本书由职业院校与老年社会工作实务机构的工作人员共同编写,将实践经验、工作任务、典型案例引入教材;二是本书由职业院校专业教师与行业专家共同编写,既有教学经验丰富的职业院校教师出谋划策,又使本书凝聚了有着丰富老年社会工作实务经验的行业专家的智慧;三是本书在编撰过程中充分考虑了职业院校学生的特点与参加行业培训的学员特点,既有一定的理论支撑,又注重实务操作的指引,把知识传授与技能提升相结合。

另外,编者在本书的编写过程中充分借鉴了从事老年社会工作的前辈们的理论成果和实际经验,也得到了众多专家的指导,在此一并表示感谢。

由于时间仓促,编者水平有限,书中的不妥之处在所难免,敬请广大读者批评指正。

编 者

目　录

第一章　老年社会工作的理论基础 … 1
　一、基础知识 … 1
　　（一）人口老龄化与老龄社会政策 … 1
　　（二）社会工作的框架和理论流派 … 6
　　（三）老年社会工作的服务环境 … 10
　　（四）老年社会工作实务理论 … 13
　二、案例示范 … 18
　　（一）案例描述 … 18
　　（二）案例评析 … 19
　三、实训任务 … 24
　　（一）实训案例 … 24
　　（二）案例分析 … 25
　　（三）实训作业 … 25
　四、巩固提高 … 26

第二章　老年社会工作的服务对象 … 27
　一、基础知识 … 27
　　（一）生命历程视角下的老年人 … 27
　　（二）老年人成长心理和发展任务 … 30
　　（三）正常老化的生理变化与对疾病的认识 … 34
　　（四）老年人群体特征 … 39
　二、案例示例 … 41
　　（一）案例描述 … 41
　　（二）案例评析 … 42
　三、实训任务 … 45
　　（一）实训案例 … 45

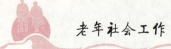

　　（二）案例分析 46
　二、巩固提高 46
第三章　老年社会工作需求评估 47
　一、基础知识 47
　　（一）老年社会工作需求评估概述 47
　　（二）老年社会工作需求评估的方法 47
　　（三）老年社会工作需求评估的框架 51
　　（四）特殊老年人的需求评估 54
　二、案例示范 57
　　（一）案例描述 57
　　（二）案例评析 57
　三、实训任务 58
　　（一）实训案例 58
　　（二）案例分析 58
　四、巩固提高 59
第四章　老年人社区照顾 61
　一、基础知识 61
　　（一）老年人社区照顾的基础知识 61
　　（二）老年人社区照顾的类型 62
　　（三）老年人社区照顾的现状 66
　　（四）社区居家养老服务体系 67
　　（五）老年人社区支援网络 68
　二、案例示范 70
　　（一）"告别孤寂"案例示范 70
　　（二）案例评析 73
　三、实训任务 75
　　（一）实训案例 75
　　（二）案例分析 75
　　（三）实训作业 75
　四、巩固提高 77
第五章　老年人机构照顾 78
　一、基础知识 78
　　（一）机构照顾的概念、分类和比较 78
　　（二）影响老年人机构生活质量的因素 80
　　（三）机构照顾中的社会工作者介入 82
　二、案例示范 85
　　（一）案例描述 85
　　（二）案例评析 86

三、实训任务 ··· 86
　　四、巩固提高 ··· 87
第六章　老年社会工作实务方法 ·· 88
　　一、基础知识 ··· 88
　　　（一）老年个案工作 ··· 88
　　　（二）老年个案管理 ··· 93
　　　（三）老年小组工作 ··· 95
　　　（四）老年社区工作 ···101
　　二、案例示范 ··105
　　　（一）案例描述 ··105
　　　（二）案例评析 ··106
　　三、实训任务 ··110
　　　（一）实训任务一 ···110
　　　（二）实训任务二 ···111
　　　（三）实训任务三 ···111
　　四、巩固提高 ··111
第七章　老年社会工作服务内容 ··113
　　一、基础知识 ··113
　　　（一）权益保障和政策倡导的主要内容 ··113
　　　（二）身心健康服务 ···115
　　　（三）婚姻家庭服务 ···122
　　　（四）文化教育服务 ···123
　　　（五）安宁疗护服务 ···126
　　二、案例示范 ··129
　　　（一）案例描述 ··129
　　　（二）案例评析 ··129
　　三、实训任务 ··134
　　　（一）案例描述 ··134
　　　（二）案例分析及进展 ···134
　　　（三）实训作业 ··135
　　四、巩固提高 ··135
第八章　老年人长期照护 ··138
　　一、基础知识 ··138
　　　（一）长期照护的定义 ···138
　　　（二）长期照护服务的特点 ···139
　　　（三）长期照护模式 ···140
　　　（四）老年长期照护内容 ··142
　　　（五）目前影响老年人接受长期照护的因素 ··································144

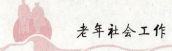

  （六）老年人长期照护需求评估方式 ·············· 145
 二、案例示范 ························ 149
  （一）案例描述 ······················ 149
  （二）案例评析 ······················ 150
 三、实训任务 ························ 151
  （一）实训案例 ······················ 151
  （二）案例分析 ······················ 152
 四、巩固提高 ························ 152
附录1　中华人民共和国老年人权益保障法 ············ 153
附录2　老年社会工作服务指南（节选） ············· 161
参考文献 ·························· 167

第一章 老年社会工作的理论基础

一、基础知识

（一）人口老龄化与老龄社会政策

1. 何为人口老龄化

联合国的一份报告中称，预计2050年，全球每6个人中就有1个65岁以上的老年人；而80岁以上的高龄老年人也会从2019年的1.43亿增加至4.26亿。人口老龄化是指人口生育率降低和人均寿命延长导致的总人口中年轻人口数量减少和年长人口数量增加而造成的老年人口所占比例增长的动态。

（1）老年人的界定。

从微观角度来看，个体的生命大多经历从出生到年老死亡等不同的人生阶段。伴随着生理机能衰退、认知能力和生活能力的退化，个体将逐步进入老年状态。从宏观角度来看，不同年龄的人承载着社会上不同的角色、期待、机会、地位和限制，共同构成了社会整体。工作状态、经济状况、家庭及生活模式的转变都将使得老年人逐步脱离原本的社会角色，并逐步扮演起社会所定义的"老年人"的角色。由此可见，老年是一个涵盖生物性和社会性的概念。个体老化类型及其内涵见表1.1。

目前，世界各国对老年人的认定依据不统一，其依据涉及性别、职业类型、退休年限、健康状况等。世界卫生组织（WHO）规定，60~74岁为年轻老年人，75~89岁为老年人，90岁以上为长寿老年人。《中华人民共和国老年人权益保障法》规定，老年人是指60周岁以上的公民。

表 1.1　个体老化类型及其内涵

个体老化类型	个体老化内涵
自然老化	人自出生以来就一直经历着老化的过程
生物老化	人体出现的物理上的改变，减低了器官系统的使用效率，如肺、心脏和循环系统。生物老化是随着年龄的增长而发生的自然的、不可避免的、不可逆的变化，又称功能性老化
心理老化	个体感官和知觉过程的变化，心理功能的变化（如记忆力、学习能力等），适应力和人格的变化
社会老化	个人的角色以及与他人的关系随着老化而出现以下几种情况的转变：家人和朋友间、生产角色等

（2）人口老龄化的界定。

人口老龄化已成为一种全球性社会现象，因此，衡量人口老龄化的指标也涉及人口结构、经济及社会发展等多个方面。其一，老年人口比。国际上通常把 60 岁以上人口占总人口比例达到 10%，或 65 岁以上人口占总人口比例达到 7% 作为国家或地区进入老龄化社会的标准。若 65 岁以上人口占总人口比例达到 14%，则表明该国家或地区已成为老龄化社会；若超越 20% 则界定为超老龄社会。其二，人口老化指数。它是指老年人口数与被抚养的幼年人口数之间的比率。国家的人口老化指数越高代表老龄化情况越严重。其三，抚养比。它是指每 100 名劳动年龄人口所需负担依赖人口（即老年人口数与被抚养的幼年人口数）的比率，其计算方式为：抚养比 =（被抚养的幼年人口数 + 老年人口数）÷ 劳动力人口数 ×100。另外，抚养比还可以细分为抚幼比和抚老比。需要注意的是，在计算上述指标时，未成年人、老年人及劳动力人群的年龄段需根据当地法律相关规定而定。人口老龄化指标一览表见表 1.2。

表 1.2　人口老龄化指标一览表

指标名称	指标内涵
老年人口比	一个国家老年人口数和总人口数的比值
人口老化指数	一个国家老年人口数与被抚养的幼年人口数的比值
抚养比	一个国家每 100 名劳动年龄人口数所需负担的依赖人口数（即老年人口与被抚养的幼年人口数）的比值
老少比	一个国家老年人口数与儿童人口数的比值。老少比低于 15% 的人口为年轻型人口，老少比高于 30% 的人口为老年型人口，介于两者之间的为成年型人口
人口年龄中位数	将一个国家的总人口按照年龄排列，位于中间位置人员的年龄即为该国家人口年龄中位数。人口年龄中位数的变动可以反映人口结构和老年人口在总人口中所占比例的变动情况

(3) 中国人口老龄化现状。

采用国际上较为通用的指标来看中国人口老龄化情况，中国整体上已迈入老龄化社会。截至2018年年底，全国60周岁及以上老年人口24 949万人，占总人口的17.9%，其中65周岁及以上老年人口达16 658万人，占总人口的11.9%，两个数据均达到国际上老龄化社会的标准。

纵观中国人口老龄化的发展历程，可将其特征概括为以下七点。

第一，儿童人口比例继续下降，老年人口比例继续上升。据国家统计局数据显示，儿童人口总数在1995年以前持续增长，1995—2005年已开始下降，然而儿童人口占总人口的比例自1965年以来一直呈下降趋势。自1975年以来，老年人口比例不断上升。

第二，人口老龄化速度快。英国完成这一过程用了45年，美国用了60年，法国则用了115年，而中国仅用了20年。

第三，总人口继续增长，自然增长率继续下降。据国家统计局数据显示，与2000年相比，2014年的出生率降低了1.66个千分点。死亡率由下降趋势转为增长趋势，14年共增长了0.61个千分点，自然增长率降低了2.37个千分点。

第四，老年人口绝对数增多，高龄化趋势明显。2014年中国老年人口超过2亿人，远超发达国家。中国老年人口不仅规模大，而且高龄化趋势十分明显。1991—2000年，中国80岁以上人口的平均增长速度超过36%。

第五，出现未富先老的情况。2018年年底，中国的人均国内生产总值（GDP）为9 732美元，按照世界银行的标准划分，中国已经是中等偏上收入国家了。根据世界银行统计数据，2017年，高收入国家65岁以上人口所占比重达到17.43%，中等收入国家为7.43%，低收入国家为3.37%。但是到2018年年底，中国65岁以上人口比例已经达到11.94%。作为一个中等偏上收入国家，中国的老龄化人口比例偏高。

第六，地区发展不平衡。从各个地区老龄化程度来看，差距十分明显，从2010年第六次人口普查的数据来看，上海、重庆、辽宁和江苏等地区65岁及以上人口比例较高。西藏、新疆、青海和宁夏等地区老年人口比例较低。

第七，女性老年人口多于男性。中国男性人口多于女性人口，2011年，男女性别比达到了105∶100。但在老年人口中恰好相反，女性人口多于男性，且多出的多为高龄女性，这主要是由于中国女性的人均寿命明显高于中国男性，两者的寿命之差接近5岁。

2. 人口老龄化的危害

人口老龄化已然成为全球人口发展的趋势，将对经济、人力资源、公共卫生、社会福利等方面可能造成以下危害。

（1）劳动力资源供给减少。

根据联合国发布的全球人口数据显示，全球人口数量仍在逐年增加，但随着生育率的下降，人口增长速度减缓，而且有26个国家和地区的人口已经处于负增长阶段。在全球经济一体化的形势下，生产资本在全球范围内流动，人力资源供应的减少将对生产效率产生较大的影响，进而阻碍经济的发展。

（2）储蓄减少，消费能力下降。

储蓄与消费是经济运行的两大动力，其中储蓄为经济运行积累"本金"，而消费则是促进产品与资金相互转化的核心环节。尽管影响储蓄和消费的因素很多，但收入无疑是其中的关键因素。老年人退出劳动力市场后，收入较大幅度减少，能够用于消费或储蓄的资金也都相应减少。中国学者王省予研究发现，发达国家老龄化程度越高，抚养比越高，则消费水平越低；发展中国家老龄化程度越高，但由于抚养比较低，消费水平也较高。

（3）慢性疾病负荷增加。

人口健康状况及流行病学情况指出，非传染性疾病已经成为最大的健康威胁。其中，与人口老龄化息息相关的是慢性疾病患病率。据世界卫生组织调查显示，2012年中国60岁以上人口的死亡原因80%是慢性疾病。到2030年，中国60岁以上患有一种以上慢性疾病的人口将达到2016年的3倍。慢性疾病患病率的增加，将给老年人口自身、抚养人员、公共医疗体系及政府财政带来持续性的负担。

（4）社会排斥与不平等。

年龄歧视不单在发达国家成为普遍现象，在发展中国家和地区也开始出现。这些价值观往往容易使老年人在获得社会资源、选择治疗方式或者就业等方面遭受不平等对待，也将老年人的晚年生活不能得到应有的尊重和照顾，与他们不被视为公民一分子有关，因此，老年社会工作者要谨记，公平是社会工作的核心价值观，无论任何年龄的公民都应享有同等的待遇。

（5）养老服务需求增加，公共开支增加。

随着身体机能的衰退，老年人对养老资源、养老服务、护理服务等的需求增大。以中国为例，截至2018年年底，全国享受高龄补贴的老年人为2 972.3万人，比2017年增长10.8%；享受护理补贴的老年人为74.8万人，比2017年增长22.0%；享受养老服务补贴的老年人为521.7万人，比2017年增长47.2%。除此之外，全国新增养老床位合计达到727.1万张，比2017年增长3.3%。由此可见，政府在福利、养老设施建设等老年服务方面投入巨大资金，且投入资金呈现出较大的增长幅度。

人口老龄化为人口、经济、社会带来的挑战同样不容忽视。正因如此，世界大部分国家开始研究或实施相应的政策（计划）来应对人口老龄化带来的危害。

3. 老龄社会政策

人类寿命的延长无疑是社会进步的标志之一，但全球社会正面临着人口急速老龄化的问题，人口老龄化将成为各国社会政策关注的焦点。

（1）积极老龄化。

早在20世纪90年代，世界卫生组织就提出了"积极老龄化"的概念。"积极老龄化"是指最大限度地提高老年人"健康、参与、保障"水平，确保所有人在老龄化过程中能够不断提升生活质量；促使所有人在老龄化过程中能够充分发挥自己、社会、精神等方面的潜能；保证所有人在老龄化过程中能够按照自己的权利、需求、爱好、能力参与社会活动，并得到充分的保护、照料和保障。即使是身患疾病或残障的老年人也能够获得家庭的支持、参与社会活动以及为国家做贡献。自此，"积极老龄化"成为大部分国家制定老年社会政策的指导理念,并促使这些国家从健康、参与及保障三个方面建构起"积极老龄化"社会政策的支持体系。积极老龄化概念的提出是基于对老年人人权的尊重以及联合国所提出的国际老年人五项原则——独立、参与、尊严、照顾和自我实现。另外,积极老龄化概念的提出也标志着国际老化策略规划从需求导向向权利导向转变。

针对世界卫生组织提出的人口老龄化的挑战,学者沃克尔(Walker)提出以下7项积极老化的原则:①不局限于有偿工作,老年人应广泛参与家庭、社区及社会活动,并在参与过程中提升幸福感。②应包括所有的老年人。③应采取预防的观点(预防疾病、失能、依赖、失去技能)来建构积极老龄化,强调协助所有年龄层的人,在人生全程发展历程中,以积极的态度看待人口老龄化的过程。④在推广过程中应强调代际的公平对待和发展机会。⑤应包含相应的权利和义务的规定,既在权利方面的诉求包括社会保护、终身教育等;在义务方面则强调应将教育所获应用在其他层面并积极参与。⑥推行积极老龄化的策略,应包括政府由上而下的政策宣达和公民由下而上的自发参与。⑦政策的制定宜尊重国家的特殊性以及文化的差异性,以期做到因地制宜。

以积极老化原则为核心,大部分发达国家建构起了积极老化政策。通常,积极老化政策架构包括了七个特征,即将积极老化视作一种过程;以提升生活质量为目的;重视个人生命历程;归纳活跃老化多重影响因素与支柱;强调权利与自觉;维持个人责任、家庭与环境的平衡;认可老年人的价值与贡献。

(2)国际老龄化社会政策。

回顾世界上高龄或超高龄国家人口老龄化的发展历程和现状,人口老龄化现象的确挑战了社会制度的有效性与适当性,因此,梳理典型的老龄化国家的老年社会政策也许能够为应对中国人口老龄化提供一些思路和借鉴。

①日本老年社会政策:用全面照护计划的老龄化。

为应对老龄化社会,日本政府早在1990年就推出了"黄金计划",大规模扩充老年人保健机构、日间照顾中心及养护所等老年人福利机构,并开展了居家老年人福利服务。随着老年人口的增长,日本政府调整政策,先后推出"新黄金计划"和"黄金计划21"。"黄金计划21"旨在维持老年人的充沛活力、确保老年人尊严与自立支援、建构互助的社会及确立服务使用者信赖的照护服务等。该计划设定了六大基本原则:加强照护服务基础;推动失智症老年人支援政策,营造高龄者能够有尊严生活的社会体系;健康老年人对策的推动;充实社区生活支援体制,营造互助温馨的社区;建构保护使用者及使用者可信赖的照护服务;确立支援老年人保健福利的社会基础。

②瑞典老年社会政策:在家有尊严地面对老龄化。

瑞典的老年服务总体围绕着居家养老展开,可分为社会服务及健康与医疗服务,旨在通过全面的、多元化的到户服务,为老年人居家养老提供支持。社会服务线由基层地方政府提供,服务内容涵盖语言治疗、健康休闲、营养咨询、生活协助、杂务处理、交通接送、餐食服务等。除一般医疗服务外,老年人还可以享受到宅医疗、长期医疗病床和疗养院三项特殊医疗服务。与此同时,瑞典政府还向老年人提供住宅津贴和特殊住宅服务,这可以让有需要的老年人进行家庭适老化改造或入住无障碍居住设施。

③美国老年社会政策：以社区为本的健康老龄化。

老年人的健康状况决定其是否具有有价值的老年生活。因此，美国政府以"大健康"为概念，立足于社区，从医疗健康、精神文化及社会参与等多个方面促进老年人的健康。在医疗健康方面，美国有老年人营养餐服务计划、更健康运动、老年人心理健康周、医疗服务、长期照护服务等。在精神文化方面，美国设置了多元化的社区活动中心、老年人学习计划等。在社会参与方面，美国为老年人提供了配套的交通服务、法律咨询服务、就业服务等。上述服务大部分在社区设立了相关服务点或者依托社区活动中心作为服务输送纽带，让老年人的生活更加便利。

（3）中国老年社会政策：政府保基本，多元化发展。

中国老年社会政策经历了家庭保障和单位保障相配合、由单位保障向国家责任过渡、推进社会养老服务体系建设三个发展阶段。随着养老、医疗等社会保险制度已基本覆盖全部老年群体，2011年印发的《中国老龄事业发展"十二五"规划》指出老年服务工作中存在"服务网络建设滞后，老龄服务市场发育不全、供给不足"等问题，提出"重点发展居家养老服务""大力发展社区照料服务"和"统筹发展机构养老服务"的指导方针，推动社会养老服务体系建设。

在老年人福利方面，政府通过社会保险及公共财政为老年人提供养老保险金和基本医疗保障。同时，针对贫困老年人等特殊老年群体，政府也提供相应的兜底救助。此外，政府还通过"星光计划""学习型社区""银龄计划"和"幸福老年人计划"等促进星光老年之家、老年大学以及老年社会组织的建设，为老年人提供精神文化活动及社会参与机会。关于养老服务，在政府的主导下，出现了公建民营、民办公助、政府购买服务、补助贴息等多种建设和运营的模式。居家养老服务、社区日间照料服务、养老机构服务和社区互助养老服务开始多元化发展。

对比上述国家老年社会政策的发展过程及内容，可以获得以下三点启示：其一，老年服务体制不断完善，服务体系更精致化；其二，老年服务以居家养老或社区养老等本地化形式为主；其三，老年服务的资金来源从单一化走向多元化，政府不再独立承担老年服务方面的支出。

（二）社会工作的理论框架和理论流派

1. 社会工作的理论框架

大卫·豪将社会工作理论比作一张"星图"，能够带领社会工作者在黑夜的天空中寻找到方向。另外，大卫·豪也从理论关注的视角将社会工作理论划分为"为社会工作的理论"和"社会工作的理论"。"为社会工作的理论"是指那些对社会工作所涉及的要素进行解释的理论，包括关于人与社会本质的理论，人与社会关系的理论，人类心理与行为的理论，社会结构、社会规则、社会制度的理论等。它们为社会工作提供了理论基础，可以帮助社会工作者更好地理解服务对象及其所生活的社会，因为只有这样才能有效地帮助他们并满足他们的需要。"社会工作的理论"是关于社会工作专业的性质、目的、过程与方法的理论。"为社会工作的理论"与"社会工作的理论"相互依存又彼此贯通。当社会工者依据"社会工作的理论"为服务对象提供帮助时,要根据"为社会工作的理论"对人与社会环境的理解来确定具体的帮助计划。与此同时,"社会工作的理论"的实践过程又能为"为社会工作的理论"提供进一步理解人与社会实践的素材。社会工作者在面对一些复杂的个案或者工作情境时,专业理论能够协助其更好地了解服务对象及其所处的情境,寻找到合适的服务方向。

2. 为社会工作的理论

(1)生物学的视角。

生物学的视角从细胞、机体等生物学的概念来解释人体老化的过程和老年生理状态。其主要学说包括细胞学说与基因理论。

①细胞学说认为随着年龄的增长,人体的细胞和分子会向着威胁生命的方向演变。在人的一生中,细胞要经过不断地分裂,每一次细胞分裂都意味着带有遗传信息的染色体在被"复印",而"复印"的次数越多,它们携带的遗传信息出错的概率也就越高,细胞染色体上的端粒物质也将逐步丢失,细胞就会变老,不再兴旺成长,最终导致人体老化。细胞学说揭示了老化的微观生物历程,但同时也催生出一种"老化过程是消极的、令人不快的"文化,导致老年歧视问题更加严重。

②基因理论将老化视为遗传基因程序化的结果,认为它是基因随着年龄的增长而发生改变造成的。老化不是预先设定好的程序,而是从表面上看随机的偶然事件导致分子变性,随着时间的推移不断积累,很多不同的身体系统在差不多的时刻同时衰退的结果,决定任何一个系统的功能的基因都可以导致老化。换言之,基因及其影响因素均可能对老化产生影响。因此,要帮助老年人调整生活方式,降低疾病发生的概率。

(2)心理学的视角。

心理学的视角从认知、心理动力及心理发展历程等方面研究老年人心理状态。其主要学说包括认知理论、毕生发展心理学理论和老年人格类型理论。

①认知理论认为,在老年阶段,老年人的视觉、听觉、味觉和嗅觉等逐渐下降,空间知觉、时间知觉、移动知觉以及疼痛知觉等方面发生改变,近期记忆能力减退,他们的流体智力会衰退,但晶体智力能够维持在一定的水平。这一理论为理解老年人认知情况和为认知障碍老年人群体提供专项服务具有一定的指导意义。

②毕生发展心理学理论认为,人从胚胎到死亡是一个不断向前发展的连续的过程。人体的老化具有不断成长和适应的潜能,即具有适应能力。适应能力包括三种重要策略:选择、优化和补偿。所谓"选择"是老年人在生活中挑选能力能够胜任的活动;"优化"是指提升老年人的能力来开展活动的行为;而"补偿"是指通过将能量和资源聚集在老年人挑选的活动上,提升其满意度,作为其放弃其他活动的补偿。毕生发展心理学理论促进了积极老化心理学框架和成功老化概念的形成。

③老年人格类型理论根据人格与调适情况,将老年人的人格类型分为成熟型、摇椅型、防卫型、愤怒型、自怨自艾型五种(表1.3)。这一理论可以让社会工作者更好地了解不同类型老年人的性格特点,掌握他们的需求,以利于为他们提供更精准的服务。

表 1.3　老年人人格类型

人格类型	人格特点	自我调适特点
成熟型	人生发展及环境相适应，事业有所成就，能够平稳进入老年期	理智接受、不悲观、不退缩、不过于进取或过于自我防卫
摇椅型	依赖型人格，不拘小节，也无大志	将退休视为卸除了责任，安享晚年，不害怕衰老
防卫型	勤奋负责、遵守规范、重视成就与贡献	防卫心强，通过忙碌"工作"来保持活力，消除对衰老的恐惧
愤怒型	碌碌无为，经历过重大失败或挫折，满腹牢骚、愤世嫉俗、情绪失控	将不幸和失败归咎于客观因素，常与他人发生冲突
自怨自艾型	碌碌无为，经历过重大失败或挫折，郁闷、沮丧、消沉、情绪低落	将不幸和失败归咎于个人因素，自我埋怨

（3）社会学的视角。

社会学的视角从角色、文化、互动等社会结构维度研究老年人的社会状态。其主要学说包括社会活动理论、撤退理论和老年亚文化理论。

①社会活动理论提出，老年人的生理、心理及社会的需求，不会因为生理、心理和身体健康状况而改变。老年人之所以会逐渐丧失社会互动的机会，是因为他们被社会抛弃，而并非自愿与社会脱离。老年人参与社会活动有助于提升他们晚年生活的满意度，可以帮助他们适应老年生活。反之，老年人会因为失去原有角色功能而失去生活的信心。因此，社会工作者需要在协助老年人参与社会活动的同时，促进他们重新认识自我，塑造新的社会角色，更好地适应老年生活。

②与社会活动理论相反，撤退理论主张老年期不一定是中年期的延长，而是从原有的社会角色、人际关系和价值体系中后退撤离。这种撤离并非是社会压迫的结果，而是老化的内在本质导致的一种发展过程。机体的老化、活动能力下降和生活中各种角色的丧失，致使老年人希望摆脱要求他们具有生产能力和竞争能力的社会期待，从而退居二线，扮演较为次要的社会角色，安享晚年。撤退理论同样可以帮助老年人适应退休后所面临的各种生活的改变。

③老年亚文化理论认为，当同一领域的成员之间的交往超过和其他领域群体成员的交往时，它们就会成为一个亚文化群体。这一群体内的价值标准、行为规范等形成了该群体的亚文化。由于身体状况、活动能力等方面具有较多的共同特征，导致老年人之间的共同话题较多，与其他群体的互动存在阻碍。老年群体的亚文化可能会受到社会主流文化的排挤，而导致老年人被边缘化或被歧视，也可能随着老年群体数量的增加，交往内容及强度的改变，而获得新的社会地位，成为潜在的社会势力。老年亚文化理论提醒社会工作者，在开展老年人服务过程中要注重老年群体的话语、规则、互动方式等，避免以主流文化或其他群体的文化特点来看待或要求老年群体。

3. 社会工作的理论

（1）认知行为理论。

认知行为理论由心理学家贝克在20世纪70年代提出，并形成了一个庞大的理论体系。认知行为理论，顾名思义结合了行为治疗理论和认知治疗理论。

①主要观点：认知行为理论认为，人的情绪和行为会受到认知的影响，而情绪或行为的改变对人的认知有循环性的影响。与此同时，认知行为理论还指出认知的形成会受到"自动化思维"机制的影响，而心理疾病正是由思想陷阱、不良的规则及假设、核心信念这三类不良思维模式导致的。

②在实务中的应用：社会工作者与案主合作，了解及监察案主的思想陷阱是怎样影响情绪的；社会工作者与案主就思想、情绪及行为的关联性达成一致意见；社会工作者以自我发现的方式引导案主辨别出自己的负面思维方式；通过辩论、练习和家庭作业等方式，学习找出并改变自己面对问题时的行为反应的方法，逐步改善目前的状况。

案例1

李叔叔对健康很重视，平时喜欢看养生节目，也经常购买电视广告中的保健品。最近，李叔叔想购买一张售价为两万多元的保健床，遭到了家人的反对。李叔叔向社会工作者求助，希望他们帮忙调解。社会工作者在与李叔叔沟通的过程中，发现李叔叔存在"保健品能治病"的思维误区以及"我是不是得了癌症"的"灾难性"思维。社会工作者通过重复、总结、反问以及提供案例等方式，让李叔叔了解到自身的思维陷阱，并与之进行辩论。同时，社会工作者与李叔叔及其妻子达成一个"家课"——在维持正常作息和饮食的情况下，停用保健品，观察身体指标的改变。

（2）社会支持理论。

自学者卡塞尔（Cassel）与卡普兰（Caplan）在1974年提出"社会支持"这个概念以来，学术界从"社会支持"的定义、构面、种类、来源及其对人的身心健康的影响等多个维度展开了研究。

①主要观点：社会支持一般指个人为满足在社会中生存的需求，使用正式或非正式的社会关系获得的各种支持；也可视为个人通过社会互动关系从他人、团体或社区处获得的一种正向结果，其强调的是社会互动关系的功能层。社会支持理论与系统理论和交换论息息相关，因此，其关键词是系统性网络、资源和交换。社会支持依据主体可分为正式支持和非正式支持，也可依据功能分为自尊支持、信息支持、社交关系支持和工具支持。

②在实务中的运用：当服务对象在面对生活困境或危机形成压力时，其所拥有的社会支持将扮演缓冲角色，缓和压力对服务对象的生理与心理造成的冲击，保护其身心健康。若要协助服务对象建立或强化其社会支持网络，首先需要对服务对象所处的网络进行扫描和分析，了解服务对象支持网络的构成、运作模式和缺陷等，再根据不同类型社会支持的特点采取相应的行动策略，如资源链接、关系强化等。

案例2

陈爷爷是A社区中的独居高龄老年人。因为年事已高，陈爷爷不方便出门。社会工作者在了解和分析了他的社会支持网络情况后，发现陈爷爷的支持网络主要集中为亲属及朋友提供的非正式支持，与正式支持的链接较少。于是，社会工作者为陈爷爷建档，并向社区工作站汇报相关情况，为陈爷爷安排了生活物资采购服务。

（3）增权理论。

增能一词由所罗门提出，最早被用于反种族歧视运动中，而后得到了广泛的运用。所罗门将增能定义为"协助被烙印的个人或团体，增进或练习自身的人际技巧或社区影响力"。

①主要观点：增能理论认为，个人的无力感是由于环境压迫而产生的。社会环境中存在着直接和间接的障碍，这使个人无法实现他们的权能，但这种障碍是可以改变的。每个人都不能缺少权能，个人的权能能够通过社会互动不断增加。同时，增能理论也强调，案主是有能力、有价值的，而社会工作者与案主的关系是一种合作性的伙伴关系。一般而言，增能的维度包括自我、人际、团体、组织和社区，这五个领域之间是可以相互连接和相互影响的。增能的实践也可以同时在多个领域中展开。因此，增能的维度具有连接性和非阶层性。

②在实务中的运用：在实务中，社会工作者面对权能感低的服务对象，首先需要对其进行自我增权，再通过提升服务对象的参与深度，激活自组织的能动性，以促使服务对象排除阻碍其实现权能的障碍，从而形成群体的共同发声。在这个过程中，自我增权是重要的一步。自我增权需要社会工作者协助服务对象澄清个人价值观，坚定权能感和增权的信念。

案例3

林奶奶，66岁，因摔倒致髋部骨折，手术痊愈后，右腿行动稍有不便。目前，林奶奶所居住的城中村由于进行水务整修，路面开挖后其出行十分困难。于是，林奶奶将问题反馈给社会工作者，希望他们帮忙解决这一问题。在初次面谈中，林奶奶说："我老了，我还能做什么？这不是你们应该做的吗？"社会工作者通过鼓励、优势挖掘以及对问题造成的影响的讨论，最终与林奶奶达成了共识。随后，社会工作者开展了主题为"安全出行"的工作坊活动，林奶奶负责邀请其周围有同样出行困难的老年人参与，大家共同讨论了现存的出行问题及他们所期待的解决方案。讨论的结果也由其中一名参与者作为代表在社区居民议事会上提出。最后，在社区工作站的协调下，施工方增加了工作区域的围挡及通行区域的铁板覆盖。

（三）老年社会工作的服务环境

人在情境中是社会工作的重要理念。社会工作的重点是人、家庭、社区，但是要实现社会工作的服务目标就离不开对服务情境的关注、理解和运用。

1. 居家和协助生活服务

随着社会和人口的发展，"4-2-1"的家庭结构已成为中国家庭的主导模式，加之城乡发展不平衡造成的人口省际迁移，老年人家庭不断空巢化的趋势明显，独居老年人的数量逐渐增加。与此同时，受到传统孝道文化的影响，家庭一直作为老年人福利供给的基本单位，发挥着情感互动、物质提供和劳务提供的作用。因此，尽管养老服务体系不断完善，但大多数老年人还是选择居家养老。此外，随着机体老化，老年人在行动、认知等方面的能力减弱，意外事故和疾病的发生率增加，对居家和协助生活的服务需求也相应增加。

老年人居家和生活协助服务的场域主要为家庭，个别国家也会为长期住院的老年人提供生活协助服务。此类服务主要面向高龄老年人、独居老年人、失能老年人等。社会工作者在服务场域中主要提供评估、资源链接、心理辅导，也会对个别老年人提供居家安全教育或能力训练等服务。

家庭环境是老年人熟悉和让他们感到安全的空间，同时也是较为私密的空间。在家庭环境中，社会工作者需要把握好老年人的安全界限，做好保密工作，尽量避免长时间单独停留在老年人身边，或单独为老年人提供服务，以降低激发老年人产生疑心的可能性，保障自身的安全。

案例 1-1

80岁的王奶奶因在家不慎摔倒受伤而住院。出院后，王奶奶回家居住，由于行动不便，由保姆照顾其生活起居。社会工作者依据王奶奶的健康状况和家居环境，协助其拟订居家服务和康复计划，并联系社区老年人食堂为其提供送餐服务，还帮其申请居家养老服务，又联系社区卫生服务中心为其安排家庭医生上门服务。社会工作者在此过程中为王奶奶提供心理辅导及居家安全教育。

2. 社区为本服务

如果说家庭是社会的细胞，那么社区就是社会的基本单元，因为个人、家庭与社区的联系非常紧密。老年人是社区中的一个重要群体，随着老龄化时代的到来，老年人在总人口中所占比例将会越来越高。

老年社会工作方法与传统的社区老年人服务最大的区别是强调挖掘老年人的潜能，鼓励老年人提高社区参与、提升老年人的意识，改变社会对老年人的负面形象及定型，帮助老年人消除自卑、无能及无助的心态，树立积极的人生观，真正享受幸福的晚年生活。在社区服务场域中，老年社会工作的服务对象涵盖范围及类别较广，几乎覆盖全部社区老年人群体。同时，社区也是连接家庭和社会其他老年服务机构的关键通道。社会工作者在社区中可以为老年人提供治疗、预防及发展的直接服务，也可以通过社区寻找资源来满足老年人的其他服务需求。

案例 1-2

王奶奶所居住的社区中有活动中心、星光老年之家、社区健康服务中心和老年人食堂等社区老年服务资源。社会工作者根据王奶奶的评估报告和个案管理计划跟社区工作人员对接社区食堂的送餐服务。另外，他们还需要协助王奶奶的监护人到社区健康服务中心申请家庭医生上门服务。此外，社会工作者也需提前与日间照料中心取得联系，便于后续联动开展服务。

3. 机构服务

尽管家庭仍然是老年人主要的需求供给来源，但是随着社会的变迁和家庭结构的改变以及老年人口的增加，老年人的需求难以从家庭中得到满足，而且也为家庭增加了不小的负担。在多元化和精细化服务需求的推动下，各式各样的养老机构逐步发展。根据各自能够承担的照顾对象自理能力的不同进行分类，养老机构大致可分为老年公寓、托老所、养老院（老年社会福利院）、敬老院、老年护理院等类型。

目前，我国入住养老机构的老年人主要是高龄、空巢、孤寡老年人，由于存在生活自理困难或家庭照顾人力资源缺乏，照顾及护理需求较大。此外，也有少数老年人并不存在以上三种情况，只是因为喜爱集体生活而选择居住在养老机构中。

养老机构通过制度、标准化的流程等管理手段，能够为老年人提供干净整洁的环境、健康的餐饮以及专业的护理、训练及医疗等近乎"一站式"的服务。在机构式的服务环境中，社会工作者主要充当个案管理员的角色，他们通过入院评估、护理计划、团队会议、动态跟进和定期评估等流程，联动机构内的综合服务团队为老年人提供服务。社会工作者在实际服务过程中，常常需要处理养老机构的管理要求与老年人独特需求、机构内群体公共利益与老年人个别化利益的冲突。此外，由于不同类型的养老机构有不同的愿景及服务理念，社会工作者也需要在价值的碰撞中做出一些调整或进行新的选择。

案例 1-3

王奶奶的保姆辞职了，而且她的直系亲属都在外地居住，难以上门照顾她。在亲属和社会工作者的共同努力下，王奶奶进入一家私人养老院暂时居住。养老院的社会工作者接到王奶奶的个案后，第一时间对其进行了院前的综合性评估，并和养老院的医护人员、康复师及护工主管等共同拟订了王奶奶的后续护理计划。

4. 健康及医疗服务

身体老化和机能退化是老年人感受最为明显的老化表征。随着身体的老化，老年人将面临更多的健康威胁，对医疗服务的需求也会相应增加。医院、诊所、社康中心等医疗服务机构为老年人提供服务的主要目标是促进健康、预防及治疗疾病。大部分国家的医疗服务体系一般为三级防护体系。

尽管我国已经初步建立了三级医疗服务体系，但是在功能及互动机制上仍有待完善。与此同时，我国医务社会工作的发展尚处于起步阶段，社会工作作为医疗体系与老年人及其他老年福利服务资源之间的桥梁作用尚未形成。因此，本书借用国外的经验做进一步说明。在一级医疗服务机构内较少设置社会工作服务部门，主要依靠社区/地区资源中心的社会工作者实现医疗服务资源链接。部分二级或三级医疗服务机构会设有社会工作服务部门，为入院治疗的有需要的人员提供危机介入及短期辅导，并对患者及其家人提供心理社会支持。三级医疗服务机构中的社会工作者还可能涉及个案管理及康复工作。

医疗服务是世界上较早出现的专业助人服务，其专业的定位、形象及专业服务流程、规则等发展均较为完善，并且涉及大量的医学专业知识。因此，社会工作者在医疗服务环境中开展工作时需要熟悉医疗服务机构的总体运作规律，了解一定的医疗知识。与此同时，也要了解和重视服务对象的健康情况，时刻检视服务价值和服务中涉及的伦理问题，切实维护服务对象的利益。

案例 1-4

在养老院住了近3个月，王奶奶的家属找到了新的保姆。随后，王奶奶回到家中居住。社会工作者继续跟进王奶奶的情况。在一次家访中，社会工作者发现王奶奶的精神状态较差，且额头隐约可见瘀伤。社会工作者在沟通的过程中发现保姆可能存在虐待王奶奶的情况，于是，联系王奶奶的家属，协助其将王奶奶送到医院。经医院诊断，王奶奶身上有较多处瘀伤，且存在较为严重的营养不良，需要住院治疗。

5. 公众服务

中国作为一个发展中国家，部分制度和政策还不够完善，经济发展程度有待提高，但人口老龄化速度快，出现了"未富先老"现象。

世界卫生组织在2002年发表的一份报告中强调："最终，社会对老化与老年人所采取的集体作为，将决定我们与子孙未来如何度过晚年生活。"因此，社会工作者需要面向社会大众，针对社会结构性问题导致的老年化问题以及营造社会对积极老化及老年人正向认识等议题进行社会教育及倡导。社会工作者开展倡导的方式包括促进利益相关者参与及发声、研究与倡议、社会行动等。在进行社会教育及倡导的过程中，社会工作者需要明确法律法规的界限，并且维护社会主义核心价值观。

案例 1-5

王奶奶遭受到保姆的虐待，住院近3个月后出院。社会工作者在日常家访中也了解到虐待老年人的情况偶有发生。社会工作者联合社区老年志愿者在社区开展了预防老年人被虐待的宣传活动。同时，分别组织老年人及其主要照顾者进行了一系列会谈，最终保护了老年人的利益。

（四）老年社会工作实务理论

1. 老年社会工作专业价值及其相关问题

（1）老年社会工作专业价值。

价值观是指人们对某一事物所持有的态度、看法和价值判断的总和，往往带有强烈的情感色彩。价值观具有稳定性、历史性、主观性等特点，对个体的思维和行动有重要影响。社会工作专业价值是指社会工作者所持有的对助人活动的看法，包括对专业服务对象、助人活动、助人关系等。另外，社会工作专业价值还反映了什么样的目标才值得社会工作者实现。

中国社会工作的专业价值观源于人道主义思想、对公平及正义的看法、对自由和民主的观点以及尊老等中国传统思想文化。社会工作专业价值加之对老年人群体的建构，就形成了老年社会工作价值观的具体内容如下：

①每个老年人都具有改变的能力和要求发展的内在潜能。
②每个老年人都享有与他人同样的生存权利。
③每个老年人都是一个独特的个体。
④每个老年人都享有人的尊严，而且这种尊严必须受到尊重。

⑤每个老年人都应该受到社会的关怀，尤其是受到贫困、饥饿、疾病和其他困难威胁的老年人更应该受到社会的重点照顾。

⑥每个老年人都有权利享受经济、社会发展带来的成果。

⑦一个民主的和理想的社会应该不断修订和完善有关老年人的社会政策与法律法规，为老年人的生存与发展提供良好的社会环境。

⑧在一个民主的社会里，每个老年人都享有生存权、健康权、教育权、居住权、休息权、选举权、参政权以及社会福利和人道服务的权利这些最基本的权利。

（2）老年社会工作专业伦理。

伦理是群体生活的规则，它通过引导人的行为来达到维护社会秩序的目的。道德由行为操守的原则或准则组成，它们规定了正确行为的标准。社会工作伦理是社会工作者专业行为的道德标准。具体来说，社会工作伦理是指社会工作依据其哲学信念和价值取向发展而成的一套伦理实施原则，它以作为引导与限制助人活动的依据，也可以说它是社会工作者用来表现专业行为和指挥其行为的一组道德准则或标准。社会工作伦理是社会工作中不可或缺的部分，更是社会工作作为一个专业的重要内核。

社会工作是一种复杂的、综合性的助人服务，其涉及多重系统。因此，社会工作伦理也必然涉及多个不同的主体，其中包括对案主的伦理责任、对同事的伦理责任、对机构的伦理责任、对专业人员的伦理责任、对专业的伦理责任和对社会的伦理责任。此处重点介绍在老年社会工作中，社会工作者对老年人服务对象的伦理守则，其具体内容如下：

①社会工作者要对老年人、家属、机构及专业负责，要理解并尊重老年人。

②社会工作者有责任让老年人了解本身的权利和协助他们获得合适的服务，且应该尽量使老年人明白接受服务所需要承担的责任和可能产生的后果。

③社会工作者应确立正当的服务程序，充分了解社区服务资源，为老年人及其家属提供合适的服务及转介服务。

④社会工作者需要与服务的老年人维持良好的专业关系，且不得利用双方关系谋取个人利益。

⑤当社会工作者与老年人的利害关系共存时，要使行为对老年人产生最大的益处和最小的伤害。

⑥社会工作者应该对老年人的服务资料保密，让老年人了解，在某些情况下保密原则受到限制，并使他们清楚地知道收集资料的目的和用途。

⑦社会工作者不应与老年人有性接触。

⑧如果服务需要收费，社会工作者应尽量保证老年人不会由于经济能力所限而不能及时获得其所需要的服务。

2. 老年社会工作实务原则

社会工作是助人的过程。其在专业和实践的发展过程中已经形成了一套指导社会工作实践运作过程的实务原则，即个别化、接纳、非批判、案主自决、保密有目的的情感表达等。

（1）个别化原则。个别化是指每个人都是独立的、独特的个体，即使面对具有共同特点的服务对象或问题，服务对象或问题仍然具有独特性及其特有的价值。因此，这就要求老年社会工作者充分理解老年人的独特性，并依据这种独特性为其提供具有针对性的、适当的服务。个别化原则体现了对老年人的尊重及以人为本的服务理念。

（2）接纳原则。接纳是指社会工作者客观地理解和看待服务对象，包括了他的优点和缺点、性格特点及经历等，以保全服务对象的尊严和个人价值，但这并不意味着要接受和赞同服务对象的行为或价值观。在老年社会工作实践过程中，社会工作者应该接纳老年人的感受、帮助他们重新塑造其尊严和价值观。

（3）非批判原则。非批判是指社会工作者对与自己不一致，甚至对立的意见或价值观，不加以抗拒或排斥。社会工作者不应当对老年人提出的与自己不同的意见或不合乎常理的行为加以拒斥，有助于减轻他们的焦虑和恐惧，促进专业关系的建立。同时，非批判并不意味着社会工作者在道德观念上模棱两可，而反映的是他们尽力去理解老年案主行为背后的理由和动机，帮助老年案主正视自己的问题并改进。

（4）案主自决原则。案主自决是指社会工作者通过创造条件，在尊重案主的前提下，帮助案主发现和确定问题，以激发案主适当地运用资源，由案主自我决定其想要的生活方式或措施。因此，老年社会工作者要积极鼓励老年案主参与计划的制定和策略的选择，让老年案主有权利和机会做出自己的选择与决定，增加老年人的能力感与成就感。案主自决原则的基本限制是服务对象的行动不能侵犯他人的利益，还有服务对象的生理和心理状态是否合适行使自决的权利，如患精神疾病的老年人或有认知障碍的老年人就不适合行使自决的权利。

（5）保密原则。保密是指保守与服务对象有关的、在助人过程中透露给社会工作者的秘密资料。老年人比较敏感和多疑，因此保守秘密也是服务的必然要求。但在服务过程中，社会工作者也应告知老年案主保密原则的限制性，在什么情况下可以打破保密原则。

（6）有目的的情感表达原则。社会工作者承认服务对象有自由表达其情感的需求，对于服务对象的情感表达，有目的地倾听，不阻止也不责备服务，但在这一过程中，应避免出现情感转移作用或情感反转移作用。在服务过程中，社会工作者应当坚信每一位老年人都有权力去表达自己的情绪，尤其是负面的情绪。社会工作者应当重视老年人的情感表达，通过积极地倾听、鼓励、激发老年人发泄情绪，消除他们的防备之心，以促使专业关系建成。

3. 老年社会工作伦理困境及应对

（1）老年社会工作伦理困境。

社会工作者在多元复杂的情境中开展工作时，往往可能会遇到两种或以上的对立的价值或目标，而伦理规范及其优先序位就可能会因为不同的情境而发生变化。这就是社会工作的伦理困境。

伦理困境源自价值观冲突的困难和问题。社会工作专业与价值观有密切的联系，并且存在着许多的结构性影响因素。在社会工作实践中起作用的价值观是一个复杂、动态的体系。不同的价值观要求不同的协调关系和指导行为的伦理原则，当不同的价值观共同起作用时，伦理困境也就不可避免地产生了。社会工作者在工作中经常面对的伦理困境主要可以归纳为以下九类：意义含糊和不确定；职责和期望的冲突；专业知识和案主利益的冲突；征求同意；分享有限资源；案主利益和工作人员利益的冲突；有效调适方法的选择；专业关系的有限性；不做价值判断。

社会工作中的伦理困境往往使社会工作者处于两难的抉择中。所谓两难的抉择，是指抉择者必须在两个或更多分量相同、同样有吸引力（或没有吸引力）的意见中做出选择。因此，社会工作者在面对提供服务的过程中出现的伦理困境时，应当审视价值体系，厘清个人与环境之间的结构性干扰变量，并讨论专业服务的合宜性、合法性、程序性与实质性。总之，解决伦理困境需要社会工作者有高度的道德责任感。

当社会工作伦理实施时，一般情况下，应该采用普遍性原则，但是一旦发生伦理冲突时，伦理原则顺序将有助于社会工作者进行恰当的衡量，实现伦理原则的筛选。社会工作的伦理原则主要包括以下七项。

①保证生命原则：每个人的生命都是最基本、最重要的，应以保证案主和所涉及人员的生命安全为首要原则。

②差别平等原则：对处于权利不平等的人，应有不同的对待标准。例如，即使未成年人本人同意，成年人也不可与其发生性关系。应该视案主特质、身份、年龄等条件及其所处的生活环境，给予最适当的差别待遇。但不论差别多大，社会工作者都必须遵循平等的原则。

③案主自决原则：尊重个人自决，但对于每个人其自决仍具有最低标准，即可以自决但不可以夺取自己的生命；可以自决但不可以放纵到可以伤害别人。

④最小伤害原则：如处理受虐儿童安置时，须先将儿童与施虐者隔离，而非直接剥夺亲子关系。

⑤生活质量原则：以维持案主基本的生活质量为主，尽量让案主维持原有的生活质量。

⑥保守隐私原则：对于与案主接触和为其服务所获得的所有信息以及可能影响案主名誉的相关资料具有优先保密的责任。

⑦真诚原则：社会工作者需要信守对服务对象的服务承诺，保守其隐私并诚实、确切地将服务的相关信息告知服务对象及其家属。真诚尽责对于专业关系的维持必须且重要，这样有助于让服务对象感受到社会工作者值得被信任，能够按最佳利益为其提供服务。

在提出上述七项社会工作伦理原则的基础上，Loewenberg 和 Dolgoff 还提出了社会工作专业服务应该考虑伦理抉择的优先顺序（图1.1）：保护生命原则＞差别平等原则＞案主自决原则＞最小伤害原则＞生活质量原则＞保守隐私原则＞真诚原则（＞表示优先于），当社会工作者在实践中遇到伦理困境时，可以在厘清伦理原则的基础上，根据伦理原则的优先级、实务情境和有限的服务资源共同筛选伦理原则。

（2）老年社会工作伦理困境的应对。

在面对伦理困境时，社会工作者需要明辨慎思，利用一些伦理决策原则或者模型，协助做出妥善的决定。社会工作伦理原则和伦理原则的筛选已在前文中介绍过，此处不再赘述。本部分主要介绍社会工作伦理决策模型及其运用。

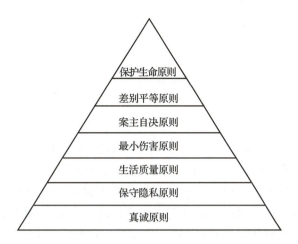

图 1.1　伦理抉择的优先顺序

伦理界针对社会工作伦理困境提出了不同的伦理决策模式，如 Joseph 提出的伦理困境决策五部曲、Mattison 的七层金字塔模型、Reisch 社会组织伦理矩阵模型等。其中，Reamer 提出的伦理决策模型（图 1.2）具有系统性、完整性、清晰性和易于操作性的特点，适合社会工作者处理工作中遇到的伦理困境使用。

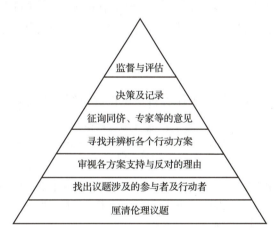

图 1.2　伦理决策模型

Reamer 认为，系统性的伦理抉择过程可以包含以下七个步骤。

步骤一，厘清伦理议题。

步骤二，找出所有可能被伦理抉择影响的个人、团体和组织。

步骤三，尝试找出各种采取的行动和参与者，并评估每种行动的利弊。

步骤四，审慎地检视赞成或反对每一种行动的理由，考虑相关的伦理守则、法律原则、指导原则、机构政策、文化、宗教等个人价值观等。

步骤五，征询专家意见。

步骤六，做决策并记录抉择的过程。

步骤七，监督评估与记录伦理决策所带来的影响。

二、案例示范

(一)案例描述

1. 基本情况

案主李婆婆,72岁,小学未毕业。她与丈夫结婚后一直照顾家庭和打理农田。案主丈夫主要从事蚝业养殖。两人婚后感情一般,只生育一个儿子。

随着案主所居住地区的城市化,案主及其丈夫建起了三层的自建房,并以房租为生,不再从事农业和渔业生产,家庭经济状况也逐步好转。在42岁那年,案主发现丈夫有外遇,在争吵过程中,丈夫对案主实施了第一次家暴。在此后的生活中,案主与丈夫争吵不断,且不时升级为暴力行为,并且案主的丈夫也开始限制案主每月的花费。在案主60岁那年,她的丈夫因肺癌去世。

案主63岁那年在家中服毒自杀,所幸被儿子发现后及时送往医院抢救,这才保住了性命。后经医生诊断,案主患上了抑郁症。此后,案主在儿子一家的照顾下按时就诊,定时服药,病情有所好转。2017年与妻子离婚后,案主的儿子对案主的照顾力不从心,导致其病情出现反复。2019年,案主的儿子认识了新的女友,并打算结婚。案主儿子及其女友居住在二楼,案主独自居住在一楼。最近,案主的儿子及其女友均提出希望案主到养老院居住。

2. 问题评估

为进一步开展服务工作,社会工作者对案主情况进行综合评估,具体情况见表1.4。

表1.4 案主具体情况

	身体层面
一般外观	案主衣着干净,无异味;身体外观正常,但左手手腕处可见划伤痕迹。案主表示这是自己用剪刀划的,但并不是想自杀;行动缓慢,步态不稳;表情较为平淡,但与人交流时神情较为紧张
基本生理	案主的BMI为18.3,属于偏瘦型。佩戴假牙后咬合正常,案主表示自己一日三餐进食较少;有时会出现便秘的情况,排尿无困难;睡眠质量一般,晚上9点左右入睡,但只能睡4~5小时,而且睡眠较浅,容易半夜惊醒
健康状况	案主无内、外科疾病,健康状况良好,无吸烟、喝酒等不良嗜好
	情绪层面
情感	案主情绪低落,社会事务参与动力低
心情	近期案主因为儿子提出让其到养老院居住,自诉自己没用,没人要,心情忧伤

续表

认知方面	
知觉	案主听觉、视觉较佳，但嗅觉、味觉和触觉存在延时和不灵敏的情况；同时，案主不存在幻觉、幻听等问题
认知功能	案主小学肄业，MMSE 测试得分为 16 分，属于正常范围；同时，其在基本知识、抽象思维能力、定向力和记忆力等方面均表现良好
思维方式	案主在自诉过程中出现了多次将问题自我归因、自我责备等非理性、非正向的思维方式
社会层面	
人际关系	案主没有工作经历，平时较少出门，因此人际关系较为薄弱，再加上由于旧房改造而导致部分亲友搬离，案主的人际交往日益减少
家庭关系	案主与其丈夫关系由一般转坏，并且遭受过丈夫的家暴。案主与儿子的关系一般，与儿媳关系较好，但随着儿子的离婚，案主与儿媳的关系基本隔断
角色功能	案主婚后主要扮演妻子、母亲、婆婆、祖母等角色，但是随着丈夫去世、儿子离婚等，案主的妻子角色丧失，母亲、婆婆及祖母的角色也相对弱化，导致社会功能的发挥程度减弱
社会资源	案主喜欢戏剧，偶尔会到社区戏剧社看排练或者到社区大舞台看表演，在戏剧社里也认识了几个志同道合的朋友。此外，社区对老年人较为关心，不时组织慰问和探访活动

（二）案例评析

1. 理论分析

Reamer 提出，社会工作者在助人过程中，解决价值或职责的冲突时有六项判断指南：①一般而言对危及人类生存（如生命、健康、食物、住宅、心理健康）的考量优先于欺骗、揭露隐私、威胁休闲、教育与财富；②个人基本福利优先于他人的自我决定权；③个人自我决定权优先于个人基本福利；④个人在自愿与自由的情况下，同意遵守法律、原则和规定的义务高于个人自己的信仰、价值与原则；⑤当个人基本福利的权利与法律、规定、服务机构中的政策冲突时，个人基本福利权为优先；⑥防止伤害、提升公共利益的义务优先于保护个人财产。

2. 干预过程

社会工作伦理在社会工作专业及实践过程中发挥着指引、保护等作用。在面对伦理两难困境时，社会工作者可以利用 Reamer 伦理决策模型中的七个步骤，对其遇到的伦理困境展开以下的分析与选择。

（1）厘清伦理议题。

社会工作者在多元复杂的情境中开展工作时，往往可能会遇到两种或两种以上的对立的价值观或目标。而伦理规范及其优先序位，加之不同的案主及其所处的情境脉络导致社会工作者在实践中左右为难，这就是社会工作的伦理困境。社会工作者需要对面临的社会工作的伦理困境与自身的职责进行识别和辨析。在本案例中，社会工作者在服务过程中主要面临以下的专业伦理困境：

案主自决原则与生活质量原则的对比。案主自决就是尊重并促进案主的自我决定权，除为防止不法侵权事件、维护公众利益、提高社会福利外，不可限制案主自由选择的权力。实现案主自决的基础条件是非批判及接纳，相信案主有能力选择自己想要的生活方式。生活质量原则来自社会福利塑造人们良好福利状态的基本理念。生活品质原则是以案主的最佳利益为考量，推动案主拥有更好品质的生活。在本案例中，案主明确表示希望继续在家居住，不希望入住养老院，但案主的行动能力以及抑郁症对其精神及行动的影响，让案主难以实现自我照顾。与此同时，案主的儿子对于案主的照顾仅仅是为其提供一日三餐和协助其购买一些物资，还有偶尔提醒其服药，难以满足现阶段案主的照顾需求。更重要的是，案主儿子表示自己没能力照顾案主，希望其入住养老院。由此可见，在家养老难以保障案主的生活质量。这两项原则之间形成了伦理困境。

（2）找出所有可能被伦理抉择影响的个人、团体和组织。

由于伦理困境会受到系统中各种因素的影响，需要运用系统的视角对其进行分析。在本案例中，案主面临着多重困境，因此，在服务中出现的伦理困境也涉及案主、家属、社区工作站、可能入住的养老机构和邻居等。这些对象分别处于案主系统的微观圈层和中观圈层，并且会影响伦理困境的解决。

案主：案主由于患抑郁症，尽管没有生理上的疾病，但是体质、肌肉力量及行动能力较差。案主的身体状况和家庭支持系统难以让其实现自我照顾。与此同时，对于儿子让自己入住养老院这件事，案主明确表示希望在家中居住。

案主家属：案主的儿子是案主的法定监护人，也是其目前唯一的照顾者，但案主的儿子与案主关系疏离，不愿意承担案主的主要照护责任。与此同时，案主的儿子即将成立新的家庭，其女友同样不愿意照顾案主，案主的儿子更重视新家庭的组建和维系。自案主的丈夫去世后，案主的儿子掌握了家中的经济来源。案主的儿子明确提出了希望案主入住养老院的意愿。

社区工作站：社区对老年人权益保护及老年人福利实现等负有相应的制度性责任。因此，在本案例中，社区工作站需要尽量协调现有资源，保障案主得到较为妥善的照护。同时，社会工作者目前也为案主提供了一些慰问和探访服务。

可能入住的养老机构：如果案主入住养老机构，由于其患有抑郁症，因此，选择养老机构时可能会受到一定限制。另外，即使案主顺利入住养老机构，养老机构还可能面临案主由于入住而产生的一系列适应不良反应。

邻居：如果案主选择在家中安置，则邻居可能会成为案主补充照护以及安全预警的重要力量。但他们是否愿意参与对案主的照护存在疑问。

（3）尝试找出各种可能采取的行动和参与者，并评估每种行动的利弊。

社会工作者根据目前收集到的信息，提出了三个可能的行动方案。

行动方案一：依照案主的意愿，让案主回到自己的家中继续生活。在强化案主儿子对案主的照顾意愿和能力的同时，协助案主申请送餐和居家养老服务。

利：案主的自决权利得以实现，有助于强化案主的自尊。同时，在熟悉的环境中生活，有利于缓解案主的焦虑，有助于稳定病情。案主在家与其儿子的距离更近，也为进一步强化家庭关系提供了便利性，而且，案主也可以通过社区工作站更便利地获得更多社区资源或制度性资源。

弊：由于自我照顾能力不足，儿子也不愿意对其进行照顾，且社区支持系统较为薄弱，再加上案主目前出现了自杀的倾向，因此案主继续在家中生活不仅可能再次自杀，而且其生活质量也较为低下。

行动方案二：依据案主的情况及其儿子的意愿，协助案主暂时入住养老机构。后续再通过继续跟进服务来强化案主的家庭支持系统，争取实现家庭照顾。

利：案主能够得到养老机构提供的更为专业的康复和照顾，降低了再次发生意外的概率。同时，这一选择也减轻了案主儿子的照顾压力，让其有更多的精力经营新的家庭，满足了其目前的需求，也有助于社会工作者借此机会协助案主重塑家庭关系，为案主回归家庭做好了准备。

弊：违背案主的自主选择会导致专业关系的损害，不利于后续服务的开展。养老机构在管理上的要求也可能进一步限制案主的自由，让其失去对生活的自主权。同时，案主离开熟悉的居住环境后可能会出现诸多不适应，进而对损害身心健康。同时，养老机构的照护不一定以实现"案主回家居住"为目标，因此案主的自主性可能会在机械化的养老机构照护中进一步丧失。

行动方案三：案主在家居住，由案主儿子聘请保姆对其进行照顾，同时增强家庭关系。

利：这一行动方案在行动方案一具备的优势的基础上，增强了照顾力量，同时也能随时监护案主的情况，做到风险预警和及时应对。同时也能够吸收方案二的优势，减少案主儿子的照顾压力。

弊：这一方案会增加案主及其儿子的经济支出，可能在案主儿子正准备组建新家庭的这个时期引发新一轮家庭矛盾。

（4）审慎地检视赞成或反对每一种行动的理由。

每一个行动方案都会受到法律、社会工作伦理守则、社会工作实践范式、实务理论、机构价值以及诸如文化、宗教信仰等社会工作自身价值观的影响。因此，社会工作者需要认真检视赞成或反对每一种行动方案的理由。

对行动方案一的检视：可以尊重案主的决定并满足案主的需求，强化案主的自尊，对案主适应新的生活情境和康复有一定帮助。但是这一行动方案以满足案主的主观意愿为核心考虑因素，对案主的身体状况、家庭关系、社区支持网络等因素的考量处于次要位置，尤其是对案主目前的身体状况能否在保障其生命健康的情况在家居住的考量不足。行动方案一更多是从义务论的角度来考量行动的动机和行为是否符合道德原则的，而且也体现了以案主为中心的实务取向。

对行动方案二的检视：行动方案二以案主的家庭关系维护为主要考量因素。从短期来看，根据案主目前的情况和意愿，入住养老院能够保障案主的生命安全，降低家属的照顾压力，维护家庭关系，也能够获得更好的健康监护，是较为妥当的做法。但是，案主自主自由权利的实现就会受到限制。从长远来看，案主能否逐步最终回归家庭也存在大量的不确定因素。

对行动方案三的检视：行动方案三将案主的生命健康作为首要考量因素，从照护力量供给方面入手，实现案主意愿并保障其生命和生活质量。因此，行动方案二更多是从目的论观点的角度来考量方案能否达到案主的最大效益。根据社会工作伦理抉择原则，Reamer认为生存优先，因此保证案主生命安全是选择行动方案的首要原则。综合来看，行动方案三综合了行动方案一维护案主自决权利的优势及行动方案二为案主提供良好照护的优势。这一方案的缺陷在于需要克服的困难是需要面对因此给案主儿子及其新的家庭成员带来的经济压力和时间成本。

（5）征询专家意见。

征询意见有以下作用：一为有经验和有思辨力的咨询者提供具有洞察力的看法，尽量减少方案可能出现的遗漏；二为保护社会工作者。

（6）做决策并记录抉择的过程。

在对上述过程进行了仔细的考量并与专家进行充分的讨论辨析后，社会工作者才能做出适当的决定。同时，为保障案主及社会工作者双方的权利，需要对伦理困境从辨析到决策再到评估的全过程进行相关记录。在本案例中，社会工作者与案主及各相关方沟通后得知，案主及其儿子愿意一人出资一半，聘请一个保姆负责照顾案主。同时，社会工作者协助案主申请助餐服务。社会工作者还通过家庭日活动，进一步促进案主儿子及其女友与案主的互动和交流。经过一段时间的服务，案主与其儿子之间的关系有所改善。案主表示如果儿子结婚，自己愿意给予5万元经济支持。社会工作者也记录了整个流程，并呈交给领导审阅。

（7）监督评估和记录伦理决策所带来的影响。

社会工作者邀请此前开展伦理咨询的专家及督导对个案伦理决策情况进行评估。评估主要围绕伦理困境辨析精准性、决策方案完备性，伦理困境处理过程合理合法性以及处理效果等进行综合的评价。本案例对伦理困境的决策科学合理，且能够协助案主解决其面临的问题，增强案主的能力，取得了较好的效果。

3. 效果评估

经过一年的服务，案主的身体情况好转，定期服药，抑郁症情况稳定。同时，案主与儿子的关系也有所改善。儿子探访增加，且案主对儿子新的婚姻也给予了一定的支持。在社会支持网络方面，通过助餐服务，偶尔观看社区粤剧演出，社区探访活动等，案主的居家养老获得了进一步支持。社会工作者使用评估工具对个案成效进行评估，结果显示案主面临的三大核心问题得到了妥善的解决，而社会工作者对自己遇到的伦理困境的抉择也对案例成效发挥了正向作用。

4. 应用建议

（1）用好心中的一把尺。

随着社会工作专业化的发展，社会工作专业与其他专业或服务工作不仅是在知识体系或方法上有所差异，更重要的是在专业价值和使命上的不同。1988年，莫勒斯和西佛提出，社会工作的核心使命是照顾弱势人口，提高生存质量；通过输送服务和治疗（cure）过程促使行为和关系发生改变；通过倡导、教育和立法游说等来改变社会，使其朝向有利于弱势者生存的方向。1997年，美国社会工作协会提出社会工作的6大核心价值是服务、社会正义、人的尊严与价值、人际关系的重要性、诚实与正直、能力。社会工作的专业特性与专业价值推演出社会工作的专业伦理，形成了被社会工作集体认同和践行的行为"标尺"系统，如图1.3所示。

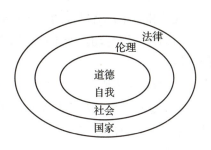

图1.3 "标尺"系统

专业伦理规范是一系列对从业人员自我约束的伦理原则，其目的是提供辨别某一专业领域的从业者其行为对错的原则；反映专业人员对正确行为准则的关怀与认定；协助专业人员在遇到两难问题时能具备保持立场的准则；澄清专业人员与求助者、当事人及社会的责任。

然而，社会工作者在工作中常常陷入"情理法"的漩涡。这是因为情境的复杂性，也是因为每个人的心中都不只有一把"标尺"。因此，社会工作者不仅要用好社会工作伦理这把"标尺"，即在厘清情境脉络和"标尺"的内涵的基础上，还要将"标尺"放在整个社会系统中进行考量。从系统的角度来看，法是国家衡量社会一切事物的、具有最强的强制性的"标尺"。伦理是经由文化、符号、习俗等形成的社会"标尺"。道德是个人自我衡量的"标尺"。社会工作者在实务工作中只有在法律的底线与专业伦理的警戒线之间，充分考虑社会伦理、家庭伦理、服务对象的价值与道德等，才能实现社会工作伦理指引实务、保障权益和树立专业形象的作用。

（2）实现有效的案主自决。

案主自决原则是尊重与自由价值的体现，也是社会工作实务最重要的原则之一。美国社会工作协会制定的专业伦理规定："社会工作者应尽一切努力培养案主的最大自决能力。"因此，《社会工作辞典》将自决定义为"承认案主有自我决定的权利和对自己所面临的问题有选择的责任"。本质上，案主自决原则是社会工作者帮助案主了解资源和建构选择的意义。

案主自决原则的有效实现可以从价值视角、实现前提以及限制三个方面做进一步讨论。

从案主自决原则的内涵不难看出，其涉及"尊重个人自由选择的权利"和"借由案主自主选择的个人的构成促进个人发展"的"消极自由"和"积极自由"的维度。所谓的消极自由指的是在个体能够行动的范围内不受他人蓄意干涉的自由；积极自由指的是人们有权利采取行动。换言之，消极自由的限制来自外部因素，而非自身权利的缺失；而积极自由的限制则来自个人内在权利的缺失。对案主自决的看法会促使社会工作者在实务工作中采取实现案主自决的不同策略。

案主自决原则的实现具有其必要的前提。老年社会工作理论认为，在实务工作中促使老年人行使自决权利需要满足以下条件：老年人不是面临唯一的一种选择；老年人没有受到生理、心理、社会等各个方面的限制；老年人认识到所有可能的选择；老年人对每种选择的代价和后果都有准确的信息；老年人有能力或者主动提议做决定；老年人有机会根据自己的选择采取行动。老年社会工作者在推动实现案主自决原则前应该对上述前提条件进行评估。

案主自决原则由于存在客观限制，因此是相对的，并非绝对的。案主缺乏自决的能力；案主处于暂时无能力状态；案主自决可能对其自身造成永久性伤害，自决后果具有不可逆性；案主自决损害了他人的利益；从长远来看，当案主自决的行为将会对其未来的自由造成限制时，社会工作者对其当前自决行为的干预是合理的。下列情况不适合老年人行使自决权利：权利行使违反法律法规；虐待儿童导致对儿童监护权的丧失，则无法在儿童监护事宜上行使自决权；与其身份行为相抵触的行为，如离家出走等；导致工作者失去专业权利的不道德行为，如要求发生性关系等；老年人在生理或心理缺乏做决定的能力。

（3）为"两难"寻找多条道路。

价值体系是复杂的，每个人的需求及其所处的情境也是复杂的，因此，在从事助人服务的过程中，社会工作者难免陷入"两难"的境地。但回溯到"两难"产生的"源头"，我们不难发现，无论是服务对象、价值还是环境都是多元的，而非"二元"的。因此，Reamer 的伦理决策模型正是通过不同的维度和步骤来协助社会工作者寻找"两难"的源头以及为"两难"找到更多可能的解决办法。

首先，社会工作者需要识别在伦理困境中涉及的伦理原则。这一步骤是对专业价值的审视，也是对处理伦理困境干预焦点的定位。其次，社会工作者利用第二个步骤可以从主体的角度来寻找第一重"突破口"。一方面，在深入了解伦理困境"当事人"对引发伦理困境事件的看法和意义建构后，社会工作者可检视其中是否涉及非理性信念、权利盲区、信息不对称等可介入的议题，协助解决伦理困境。另一方面，社会工作者可从"当事人"的重要他人、"当事人"所选择的做法中的程序主体和执行主体寻找到额外的资源、工作方法等，为"两难"困境寻找到可能的"中介变量"。例如，在老年人受虐待案例中，受虐待的老年人坚持要留在家中，如果经过评估，受虐待老年人受到生命威胁，需要入住庇护单位，那么程序主体就涉及社区工作人员、庇护单位主管部门、警察、医疗单位等。最后，社会工作者寻找到的资源与路径组合成多种可能的解决方案。向社区工作人员、督导、专家、资深社会工作者等讨论或意见征询，有助于社会工作者检视处理方式的完整性、合理性和专业性。

三、实训任务

（一）实训案例

A 社区老年人口众多，占社区常住人口的 20%。其中独居或空巢老年人占社区老年人口比例约为 45%。A 社区老年人健康状况普遍一般，患有痛症及慢性疾病的老年人口占比较高，其中失能和半失能老年人约 300 人。由于年轻时有类似的经历或来自相同的工作单位，他们的邻里关系融洽，但近七成的老年人较少参加社区活动。与此同时，A 社区内分布着大小不一的老旧小区。大部分居民楼没有电梯，配套设施严重不足。根据"积极老化"的理念，作为社区的社会工作人员，请为 A 社区拟订一个"老年友好"社区建设的方案。

（二）案例分析

本案例操作流程如下：
需求调研→问题陈述与分析→方案设计

（三）实训作业

1. 需求调研

通过文献、问卷及访谈等综合性调研方法对研究涉及的核心概念、A 社区老年人现状以及 A 社区的环境进行系统性调研。

其中，通过文献梳理，老年友好社区建设是促进社区老年人实现积极老化的政策之一，因此，老年友好社区建设的政策核心围绕着"健康、参与、安全"三个方面，并具体发展出了建筑环境及社会环境两个维度八大方面的建设体系。其中，建筑环境包括室外空间、住所及交通。社会环境涵盖社会参与、社会尊重与包容、社区参与及就业、信息交流、社区支持与健康服务。通过问卷及访谈调查，需要掌握社区老年人数量、老年人群特点（含生理、心理、社会环境等方面）、老年人群分布以及在社区老化过程中遇到的问题、原因及措施。通过实地走访及观察，利用 PEST 模型，了解 A 社区政治、经济、社会、科学及历史发展情况。

2. 问题陈述与分析

综合运用调研数据，采用老年友好社区服务体系模型、SWOT 模型、PEST 模型对 A 社区面临的社区老年人在地老化问题及其需求进行描述和分析，找出 A 社区老年友好社区建设的核心议题。

其中，可采用"用户画像"技巧，描述 A 社区老年人群体的情况，再以此分析结果与老年友好社区服务体系模型进行比较分析，找到介入的核心。使 PEST 模型分析 A 社区外部空间情况及资源。运用 SWOT 模型综合分析上述数据，可以找出 A 社区的核心问题、原因及策略。

3. 方案设计

基于对问题和原因的分析，结合资源、政策及策略，拟订 A 社区老年友好社区建设的工作方案。

方案中的服务体系建构可参考国际上老年友好社区的两大维度和八个方面。在建筑环境方面，可能涉及社区环境改造、电梯安装和家居适老化改造等问题。社会环境方面，可能涉及老年人健康增进服务、社区事务参与以及部分社会倡导服务等。

四、巩固提高

1. 知识回顾

（1）老龄化的含义及指标。
（2）积极老化政策内容。
（3）老年社会工作理论。
（4）老年社会工作服务场景。
（5）老年社会工作专业伦理及伦理实务技巧。

2. 专业思考

（1）人口老龄化将为中国社会的发展带来什么样的机遇和挑战？
（2）作为一名社会工作者，应该如何看待老年人？

第二章 老年社会工作的服务对象

【知识目标】

◇ 了解生命历程相关概念；同期群的含义；健康的含义；健康老龄化；成功老龄化；老年人疾病种类及特征。
◇ 理解生命历程对年龄的独特定义；正常老化与疾病的区别；正常老化生理特征；老年成长心理特点；老年人群体特征。
◇ 掌握埃里克森的心理社会发展八阶段理论；皮克的人生后半期七阶段发展论；正常老化相关理论。

【能力目标】

◇ 能运用生命历程视角分析同期群老年人。
◇ 能用接纳、自决等原则指导老年社会工作的开展。
◇ 能运用埃里克森的心理社会发展八阶段理论和皮克的人生后半期七阶段发展论分析老年群体在此阶段的需求与任务。
◇ 能在老年社会工作中内化专业价值观，遵循为老年人服务的伦理要求。

【素质目标】

◇ 用非批判的态度认识并接纳老年群体。
◇ 学会同理老年人，培养优势视角正确看待老年群体的作用与价值。

一、基础知识

（一）生命历程视角下的老年人

李女士是一位79岁的退休医生，情绪稳定，具备丰富的医学专业知识。最近李女士因患青光眼而失明。她原与幼子一家居住在一起,并照顾孙子。由于失明和丧失自我照顾能力,李女士情绪低落。其最大的恐惧就是失去自主能力和不能阅读。李女士与社会工作者及子女商讨后,决定搬到为视障老年人而设的老年人住所。该处方便有视障的老年人居住,而李女士也可以和其他面临这种问题的老年人接触。为了保留自尊和控制权,李女士选择了社会服务机构提供的服务而不是由子女照顾的方式。由于非常能干和独立,有个人的生活方式和个性,她绝对不依靠子女照顾。李女士的人生历程与其他失明老年人不同,所以她面对问题和解决问题的方式也和其他老年人不大一样,其他老年人可能会因心理和生理两方面的需要而选择依赖家人或与家人同住。

请思考:
1. 李女士与同期群的老年人有什么不同?
2. 为老年人服务时,如何以生命历程视角诠释老年人?

1. 生命历程的概念与原则

生命历程的概念源于美国北卡罗来纳大学的 G. H. 埃尔德教授对儿童的研究。他指出,生命历程是社会个体的生命意义与社会意义不断进行结合的产物,是社会个体在一生中不断探寻与其年龄层次相对应的,扮演社会规定的角色和发生的事件。

生命历程理论不仅成为人口学、教育学和社会政策研究的基本研究范式,也得到社会学、心理学界的一致推崇。生命历程理论有四个基本原理。

(1)"一定时空中的生活"原理,即个体出生时间(出生组效应)以及出生地(地理效应),即将社会个体与历史时空联结了起来。

(2)"相互联系的生命"原理。它强调个体的行为并非脱离于社会背景之外,而是嵌套于具体的社会关系之中,其在受社会影响的同时,也影响着社会。

(3)"生命的时间性"原理。该原理有三层含义:时间性是一种以年龄层级概念来组织一生中社会角色和事件的方式;而且也是一种以恰当的方式安排生命中各种变化的过程。

(4)"个人能动性"原理。生命历程论的先驱-生活史研究就非常关注行动者和人类主动性的概念,人总存在于一定的社会建制中,并且有计划、有选择地推进自己的生命历程,因此,即使在有约束的环境下,个体仍具有主动性。人在社会中所做出的选择除了受到社会情境的影响外,还受到个人经历和个人性格特征的影响。

2. 生命历程对年龄的独特定义

生命历程理论从生命时间、社会时间以及历史时间三个角度对年龄重新进行了定义。生命时间是指实际发展阶段,代表个体在自身发展中所处的位置。社会时间是指实际发展阶段,代表个体在自身发展中所处的位置。历史时间是指出生年份,代表个体在历史中所处的位置。

在生命历程理论中,瑞里等提出的"年龄层级模型"和纽加尔顿给出的"标准时间表",都反映了习俗力量对有关事件发生的年龄期望。这种标准化实际上将个人的生命阶段变为社会公共事件的一部分,使之成为一种"公共生命历程"。生命历程的基本原理和基本概念阐明了如何在特定的时空中勾勒出特定的生命轨迹，如何从历史、社会、个体三个层面综合分析个体发展的动力。

3. 生命历程的阶段性与流程性

生命历程由不同发展阶段构成，老年阶段被视为人生历程一系列阶段中的最后一个。生命历程的每个阶段都包含着生理上的发育和许多社会任务，所有这一切都嵌入宏大的社会文化背景。人身体上的发育会经历从婴儿期到儿童期，再到青春期、青年期、中年期和老年期。所有人在每个阶段都会发生一些具有共性的身体变化，老年阶段是生物意义上生命历程的最后一个阶段，这一阶段受到在此之前的所有身体变化的影响极大。

生命历程是一个流动的过程。在现实生活中，生命历程却并不是可以如此预测的。每个人都可以找出一个处于某一人生阶段但却没有做，但通常期许在那个年龄阶段该做的事的人。要真正理解生命历程这一概念，必须把每个老年人看成不同的个体，他们经历了可以预料的生理发展阶段，但是各自有其独特的深受社会影响的生命历程。每个人人生阶段的长度和强度也因人而异。举例来说，有些女性在二十几岁就做了母亲，40岁出头就将孩子养育成人，而有些女性在四十多岁才当母亲，在人们认为该退休的年纪还在养育孩子。生命历程是一种个人经历，用其独特的方式塑造了每个人。如果把老年人简单地看成"到"了老年这一站，就忽视了整个生命历程中人的发展的动态性。

4. 老年期的划分

老年人的年龄划分标准如下。

人们一般以退休年龄为准，接受60岁是老年期的开始。年龄为65~74岁的老年人常被称为低龄老年人。他们可能仍在工作或者刚刚退休，即使有健康问题也不会很严重，仍然能积极地投入各种社会活动。许多低龄老年人并不认为自己老了，对于本书所论及的心理社会问题即便遇到也涉之甚少。

中间层的老年人年龄为75~85岁，被称为中龄老年人。他们可能存在一定的健康问题，行动有些不便，通常公开承认自己是老年人。在这个年龄段，老年人常常丧偶，完全退出了职场。一般来说这一老年群体较需要支持。

年龄在85岁以上的老年人被称为高龄老年人，他们身体状况通常不太理想，最需要得到帮助和服务。

由于生命历程的独特性，老年人的状态与其年龄段一般的功能水平相去甚远。一些人50来岁身体就有许多严重问题，困在家中，但偶尔也有老年人即使到了98岁的高龄仍然从事特技跳伞运动。

5. 同期群的重要性

生命历程理论强调了老年人同期出生群的重要性。同期出生群指的是在同一历史时段出生长大的一群个体。

由于家境、社会背景、生活习惯不同，同期群老年人的生活质量也会不同。因此，做好老年社会工作的技巧是了解老年人的成长经历，并能把老年人看成独特的生命历程塑造出来的"产品"。

（二）老年人成长心理和发展任务

陈爷爷，63岁，曾任行政领导多年，工作勤勤恳恳，具有极好的口碑。退休后，陈爷爷与老伴住在一起，儿女都在外地工作，一年难得回来几次。他每天都和老伴一起买菜、做家务，时间长了，渐渐感到时间过得很慢。早上起床后感到没有什么事可做，十分无聊。陈爷爷心里有一种说不出的失落感，常闷闷不乐，坐在那里叹气。老伴发现他不像以前那么开朗，于是问他有什么烦心事，他也不说，劝他去公园走走，他也不去。他说不知道怎么安排生活，觉得自己是一块朽木，老了，而且最近饭量也小了，身体也没有以前好了。

请思考：
1. 陈爷爷的心理状况如何？
2. 老年人这种心理状况是怎样产生的？

1. 老年人成长心理

（1）老年人心理的变化。

伴随着生理上的变化，老年人在心理和社会方面的改变也很明显，而且认知功能、智力能力和社会行为都会有不同程度的调整。老年人最担心的问题是认知和情感功能衰退，阿尔茨海默病或抑郁症更是老年人最害怕的疾病。

①智力变化。人的观察、思考和分析事物的能力称为智力。智力的发展轨迹随年龄的增加而变化，积累的知识和经验越多，结晶智力越好。通常，老年人的结晶智力随着阅历的增加而得到提升。但是，关于通过掌握新知识与技能并结合已有的知识来解决问题的"液态智力"，由于老年人的神经传输介质的退化，反应时间较长而逐渐下降。

有学者对人的智能的发展与衰退的过程进行了纵向研究，结果显示：人的智能一般在20岁左右时达到顶峰，随后逐渐下降。如到50岁时下降10%，约相当于16岁时的智力水平，到60岁时下降20%（约相当于12岁时的智力水平），到70岁时下降30%，约相当于10岁时的智力水平。而智力本身也存在着个别差异、功能差异和质量差异。对老年人采用WAIS成人智力量表进行测试，结果表明：老年人的动作性（或称非言语性）智力成绩的下降较为明显。若以60~64岁为基准的衰退率，那么，到70~74岁时下降25.6%，到80~84岁时下降40.7%；相对而言，语言性智力在60岁以后保持得较好，直至80~84岁时才下降得较为明显。如果没有疾病，与智力有关的心理能力有口语理解能力、空间关系把握能力、推理以及对单词和数字流利的表达等，会保持稳定，直到70岁左右才会缓慢减退。

影响智力的因素有很多。其中基因是最重要的因素。通常，较高的教育水平和从事挑战性的工作会让老年人有较高的智力。另外，营养不良会造成老年人智力下降，陌生的环境也会让老年人很快丧失认知功能。

②感知变化。老年人最常见的是视力和听力的老化。视觉分辨精细物体的能力在45岁之前有一个缓慢的下降过程，45岁以后下降速度加快。老年人由于存在言语知觉障碍，对

听力的辨别和理解能力都在下降；同时，嗅神经的神经纤维数随年龄的增加而减少，而味觉也在不断下降。

③记忆力变化。人的记忆力从 50 岁开始有所减退，70 岁以后则更加明显。其具体表现为不同程度的"近记忆"衰退，对新近接触的事物或学习的知识都忘得快。其中，意义识记减退较少，机械记忆减退较多。对老年人而言，处理形成记忆的信息能力会随着知觉速度下降而衰退。人的记忆力还受记忆动机影响。对于老年人而言。事物的重要意义会帮助他唤起更多的记忆。当记忆得到强烈的情感强化时，就会深深植入次级记忆。所以，为老年人提供有关环境方面的线索，有利于他们记忆。

④情绪变化。由于生理老化、社会角色改变、社会交往减少以及心理机能变化，老年人经常会出现消极情绪体验和反应，如紧张害怕、孤独寂寞、无比失落以及抑郁焦虑等情绪。同时，老年人的情绪还表现出含蓄内敛、复杂多变、容易爆发、难以平复等特点。

⑤性格变化。性格是指一个人在成长过程中形成的，对现实稳固的态度以及与之相适应的行为方式。随着年龄的增长，老年人容易表现出以自我为中心、固执、保守、多疑、心胸狭窄等性格，通常有以下几个类型：a. 整合良好型：表现为生活满意度高、成熟、能正视新的生活；b. 防御型：表现为刻意追求目标，否认衰老，认为应该活到老、干到老，并乐在其中；c. 被动依赖型：表现为强烈依赖和盼望他人对自己提供帮助和照顾，或对外界缺乏兴趣；d. 整合不良型：有明显的心理问题，需要在家庭的照料和组织的帮助下才能生活。

⑥性心理变化。对性的兴趣和性的表达能力是老年人心理社会幸福感的重要组成部分。对老年人而言，性的重要意义不只是生殖问题和性传播疾病所带来的威胁，还在于能令人体会温暖、关爱，身体上的亲密无间。没有伴侣或者不找伴侣的老年人，也可采取自慰的方式进行性生活。

美国生殖健康专业人员协会的调查数据显示，大多数 50 岁左右男性在性方面依然活跃；男性到 70 岁后，性方面的活跃度降至 35.5%，这个数字足以让专业人士关注。对女性而言，50% 的女性在 50 岁左右时，性方面的活跃度仍然维持在较高水平，但在约 70 岁时降至 18%。

老年人的性生活水平与对性开放的态度、老年人数量的直线上升以及男女预期寿命的延长有关。对为住在养老院机构的老年人提供过性生活的机会，对于身心健康服务人员来说是一个特殊的挑战。尽管如此，在这些住所中，也要确保老年人的身体安全和不受嘲笑，以及身体羸弱的老年人不被人利用。养老机构工作人员和家人要敏锐地察觉老年人在性方面的兴趣，要帮助其开展尽可能多的社交活动，以满足他们的性需要。当老年人性需要不能满足时，建议家人和朋友通过亲吻和拥抱，给老年人更多身体上的爱，以满足老年人的情感需要。

（2）成长的心理社会老年期。

①神经的可塑性。越来越多的研究显示，老化的大脑仍具有一定的复原能力，刺激大脑可以加速脑部组织生成，提高突触管控信息的能力并增加认知的储备。认知储备依据的是神经可塑性概念，它与神经和树突连接的强度与密度有关。资讯借由神经连接传输，并形成认知心智活动。神经连接得越紧密，大脑能承受的损伤越多，认知功能也就越不会出现障碍。麦克阿瑟的研究发现，用多种方式锻炼大脑，包括开展需要回忆过去积累的东西

的活动，激发艺术性和创造能力，使之充满活力或者从事吸收新知识的活动，都会刺激大脑的不同部位。一位能自理并持积极态度的老年人较少表现出认知和智力功能的下降。重要的是，老年人即使面临生理带来的衰老和社会生活的变化，也能把自己看成命运的主人。

由此看来，做填字游戏、阅读报纸、刺激感官系统、促进肢体运动并与他人正常交往对老年人大脑功能恢复和发展起到积极作用。我们不能认为老年人已经停止生长而且认知发展停滞，应该秉承老年阶段是拓展可塑性、发展独特能力的阶段。

②社会支持的重要性。社会交往和社会支持一直被视为老年人生活满意度和良好情绪最重要的预测指标。麦克阿瑟研究发现，社会支持在帮助老年人抵御"失去"带来的伤害方面扮演着积极的角色。对于老年人而言，失去一位挚友会造成很大打击，但如果有朋友为其提供情感上的支持，则会好很多。麦克阿瑟还发现，被描述为成功老年人的，常常是那些深深投入社会交往并有所贡献的人。

③成长心理对社会工作的意义。从成长心理的视角，老年期也是积极的、有收获的时期。年老不意味着记忆力缺失、认知与智力功能丧失、社会交往脱离。社会工作者要创造机会，以促进老年人最大限度地发挥自己社会的功能。

a. 提供机会但尊重老年人自决。社会工作者要积极链接资源，尽量避免老年人因为经济拮据、物理障碍、信息不畅等原因使得老年人不能参加各种认知训练。同时，也要尊重老年人的选择。

b. 给老年人更多的时间。社会工作者要放慢节奏，让老年人有足够的时间处理事情，避免匆忙打发老年人，引起老年人的抵触情绪。

c. 生理健康是心理社会健康的基础。要理解老年人将情绪问题躯体化的问题，时刻提醒自己"人在情境中"的理念，处理心理与社会问题时要考虑身体健康因素。

d. 改变总是可能的。社会工作理论强调相信人是可以改变的。社会工作者要为老年人提供无尽改变的机会，鼓励他们尝试新事物。

e. 老年期也有价值。老年人有自身优势，感觉自己有用，能做贡献很重要。积极融入社会，参与社区志愿服务，让生活更精彩也更有意义是老年人自我肯定的重要方法。

2. 老年人的心理发展任务

（1）埃里克森的心理社会发展八阶段理论。

埃里克森将弗洛伊德的观点和人类学语言相融合，发展出了心理社会发展理论。他指出，人的心理发展是生理欲望和作用在个体身上的文化力量的结合，历经了婴儿期、儿童期、学龄前期、学龄期、青春期、成年早期、成熟期八个阶段，每个阶段在时间和空间上顺次连接。每个阶段都有相应的核心任务，当任务得到恰当的解决，就会获得较为完整的同一性，个体得到成熟和满足。当核心任务处理不成功或者是失败，则会出现个人同一性残缺、不连贯的状态，成为发展"危机"。核心任务的处理结果会影响人的一生。

埃里克森认为，老年期是一个衰老的过程。老年人丧失了体力和健康，失去了工作，减少了收入，必须做出相应的调整，所以被称为自我调整对绝望感的心理冲突。

当回顾过去时，老年人可能怀着充实的感情与世长别。完善感是一种接受自我衰老的感觉，是一种超脱的智慧之感。此时，老年人将以超然的态度对待生活和死亡。另外，老年人也可能带着绝望走向死亡。

（2）皮克的人生后半期七阶段发展论。

美国老年心理学家皮克在针对老年人的人格与社会性发展的阶段性特征进行研究的基础上，根据人的社会心理特征提出了"人生后半期七阶段发展论"。

第一阶段：尊重智慧胜过体力。进入老年期的人们往往更加重视和充分利用自己的经验和智慧来适应社会的需要。

第二阶段：更看重社会的人际关系。伴随着年龄的增长，老年人往往将两性关系淡化，仅将异性视为朋友，努力发展新的更具深度的人际关系。

第三阶段：情绪趋于淡漠。此阶段，老年人对于社会的热点、活动等缺乏兴趣，而把注意力较多的转向自己的内心世界。

第四阶段：心理上的刻板胜过随和。此阶段老年人对事物看法较固定，行为方式模式化，不易接受新事物。此阶段，老年人需要努力保持心理上的随和性和开放性，要有勇气并努力探索新思想和新观念。

第五阶段：关注自己胜过关注工作。退休后，老年人更加关注自己，并对自己形成了新的评价标准，以自己的为人为依据而与非工作业绩。

第六阶段：关注身体健康胜过关注心理健康。由于体力的衰退，老年人身体健康成为优先关注的方面。此阶段，老年人应该保持身心健康，增加社会交往，充实自己的内心，丰富晚年生活。

第七阶段：以超然态度战胜对死亡的恐惧。老年人容易对死亡的逼近感到恐惧，因此要学会自我超脱，坦然面对死亡。

皮克的理论为老年人保持身心协调、顺利度过晚年提供了重要的启示和标准；也为老年社会工作的开展提供了很好的思路和方法。

补充阅读

若生命能重来

我希望容许自己犯更多的错误。放松点，凡事别太紧张，不要把什么事都看得那么严重，我要把握更多的机会，攀越更多的高山、横渡更多的河流。放纵自己多尝些冰激凌，少吃点养生豆类。或许我会遭遇更多麻烦，但不会总是担心这担心那。

我是那种日复一日、年复一年过着理智生活的人，当中确实有快乐时光，但生命若能重来，我希望这样的时刻越多越好。其实我该学习放下，活在当下每一刻，而不是总在为未来烦恼。我过去出门时一定会做好万全的准备，保温瓶、雨衣总不离身。生命若能重来，我希望旅行时能少一些负担。

若生命能重来，我希望在春天赤脚行走，直到秋天来到。我希望多跳几次舞，多玩几次旋转木马，多摘一些路边的野花。

（三）正常老化的生理变化与对疾病的认识

最近一段时间，李奶奶发现自己的记忆力越来越差，总是丢三落四的，出门经常忘记带钥匙，好几次都是让社区门卫给自己儿子打电话回来帮忙开门的，为此，儿子特别生气，告诉她没事不要出去乱走。为了避免儿子生气，她很少出门，就在家里给儿子准备晚餐。可是，最近儿子总是对自己做的饭菜不满意，说菜太咸了，可李奶奶尝过之后，却总感觉不够味，觉得儿子是以饭菜为借口，嫌弃自己了。晚上看电视的时候，儿子也总嫌弃她开的声音太大，可是声音调小了，自己又听不清楚。她想看书，眼神不好；想与儿子聊天，儿子总说太忙，回家还要工作。有时候为了避免打扰儿子，李奶奶只好呆呆地坐着，有好几次在厨房烧水却忘记关，差点酿成大祸。李奶奶感觉自己真是老了，不中用了，不用说照顾儿子了，都快难以自理了。

请思考：
1. 针对李奶奶的情况，说说她发生了哪些生理变化。
2. 李奶奶是得了疾病还是正常老化？

1. 正常老化与疾病的区别

老化是指个体从出生到成熟期后，随着年龄的增长，在形态和功能上发生的衰退性变化。当老年人头发花白、老花眼、行动减慢、皱纹满面时，不需要就医，因为这是一个正常的老化过程。正常的衰老变化与疾病不同，疾病不是年老的一部分，任何时候都需要治疗。疾病预防、及早治疗和及早干预一般来说付出的代价少，效果也更好。

并非所有与年龄有关的生理变化都与疾病有负面关系。绝大多数和年龄有关的变化都发生在人的外表，许多老年人认同了社会的偏见，错误地认为看上去年轻是最重要的，很多人试着去使自己看起来年轻，并成为许多抗老化化妆品的消费者。与正常的老化过程相反，患病的过程受环境、生活方式和生病时的身体状态影响很大，患病与老化有关，但不完全是因为老化。世界卫生组织鼓励人们在衰老的过程中通过维持生理、社会和心理的积极状态来保持年轻状态。

2. 与正常老化相关的概念

（1）健康。

健康是指一个人在身体、精神和社会等方面都处于良好的状态。世界卫生组织提出"健康不仅是躯体没有疾病，还要具备心理健康、社会适应良好和有道德。"并强调健康至少包含以下10条标准：

①有充沛的精力，能从容不迫地担负日常生活和繁重的工作，而且不感到过分紧张、疲劳。

②处事乐观，态度积极，乐于承担责任，事无大小均不挑剔。

③善于休息，睡眠好。

④应变能力强，能适应外界环境的各种变化。

⑤能够抵抗一般性感冒和传染病。

⑥体重适当，身体匀称，站立时头、肩、臂位置协调。
⑦眼睛明亮，反应敏捷，眼睑不易发炎。
⑧牙齿清洁，无龋齿，不疼痛，牙龈颜色正常，无出血现象。
⑨头发有光泽，无头屑。
⑩肌肉丰满，皮肤有弹性。

（2）健康老龄化。

健康老龄化是指从生命全过程的角度，从生命早期开始，对所有影响健康的因素进行综合、系统的干预，营造有利于老年健康的社会支持和生活环境，达到延长健康预期寿命、维护老年人的健康功能、提高老年人的健康水平的目的。健康老龄化至少应从老年人的躯体疾病（一般医学评估）、躯体功能、认知功能、情绪情感、社会参与和自我感受等方面予以评价。

健康老龄化体现"全人"的理念，将健康老龄化作为一项全民保健的社会系统工程，强调老年群体寿命逐步延长、生命质量逐渐提高，实现"以病为中心"向"以健康为中心"服务理念的转变，力求把健康的概念引申到社会、经济和文化等诸多方面。

（3）积极老龄化。

积极老龄化是指人到老年时，为了提高生活质量，使健康、参与和保障的机会尽可能获得最佳的过程而采取的一系列健康计划与行动。它响应联合国提出的"独立、参与、尊严、照料和自我实现"原则，强调老年人应该持续地参与社会、经济、文化乃至国家层面的活动。

（4）成功老龄化。

成功老龄化是指能够同时满足以下三个条件的老年人：一是发生疾病与功能丧失的危险性低；二是具有高水平的心理和身体功能状态；三是生活充实、富有活力。

3. 正常老化相关的理论

正常老化理论围绕衰老或生理改变如何导致有机体死亡展开解释。目前最常见的有氧化压力理论、老化自由基理论、老化免疫理论、基因突变理论等。

（1）氧化压力理论。

氧化压力理论指出，有机体氧化代谢会产生活性氧物质。活性氧物质能维持有机体平衡，但当活性氧化物质受到外在因素（如污染）与内在因素（如机体发炎）的影响时就会增加。若体内的活性氧化物质水平增加过快，就会给机体细胞造成氧化压力。当细胞复制时，这种伤害会不断累积，直到细胞无法工作。根据氧化压力理论，这种伤害似乎是随机且无法预测的，不同人、不同细胞存在差异，但即便如此，氧气压力理论依然是目前学者们最为支持的理论。

（2）老化自由基理论。

老化自由基理论是氧化压力理论之一。它指出，机体老化是自由基造成的伤害不断累加超过细胞自我修复的速度而形成的。自由基是细胞活动产生的天然副产品。机体年轻时，自然产生的维生素、激素和抗氧化物能中和自由基，减少其所带来的伤害。但随着年龄的增长，机体的各项功能下降，自由基造成的伤害累积超过细胞自身的修复速度时，老化甚至疾病就随之而来了。

（3）老化免疫理论。

人体的免疫系统是由各自独立工作的细胞、组织、器官组成的网络，其可以保护人体免受外来病菌的侵略，并调整情绪压力对机体造成的影响。老化免疫理论认为，免疫系统受损导致免疫细胞逐渐失去抵抗发炎的能力，而慢性发炎加上细胞内活性氧化物质增加，是造成机体老化与患病的主要原因。

（4）基因突变理论。

基因突变理论指出，细胞内的DNA末端序列端粒保护着染色体。只要人体内有酵素端粒酶，端粒便能成功复制，确保染色体DNA不会随着复制变得越来越短，从而影响人体的免疫力和寿命，同时，端粒可能也有自己的生物钟，其老化时受氧化压力的影响而缩短，导致机体老化或患上疾病。

众多关于正常老化的学说都试图解释人体老化的原因，但是老化是一个复杂的过程，因此目前它依然是一个谜。

4. 正常老化的生理变化

人的一生，各个器官、组织也经历着生长、发育、衰老、死亡这一过程。老年个体新陈代谢过程变慢，身体活动能力下降，身体形态、功能都有显著变化。因此，了解老年人各生理系统、器官组织的变化，有利于科学地开展体育锻炼，从而促进健康，延缓衰老。

（1）呼吸系统的变化。

伴随着呼吸系统退行性变化，老年人的肺组织开始萎缩，肺泡壁变薄、容易出现呼吸性细支气管和肺泡管增大，导致老年人常患有哮喘、支气管炎等症状。

同时随着年龄的增加，老年人肺活量、最大通气量、时间肺活量等机能指标呈现进行性下降。成年男子的肺活量为3 500～4 000 mL，成年女子为2 500～3 000 mL。肺活量随年龄的增长而下降，每10年下降9%～27%。通常，60～69岁男性老年人肺活量为2 200～3 000 mL，女性老年人肺活量为1 560～2 100 mL。有氧训练可使老年人的肺功能增强，使最大通气量增加。另外，坚持体育锻炼还能抑制与衰老相关的肺功能下降。

（2）循环系统的变化。

老化使循环系统的心脏和血管功能下降。老年人血管壁弹性减弱，动脉血管内膜逐渐发生粥样硬化，导致心脏负荷大，造成机体供血不足，从而影响其他器官功能的正常发挥。到了65岁，机体的摄氧量下降30%～40%。因此，老年群体中得心血管疾病的人较多，以冠心病、高血压、脑血管病最为常见。

（3）消化系统的变化。

进入老年期后，人的消化系统功能弱化。老年人的唾液腺分泌减少为青年时期的33%左右；牙龈萎缩，牙齿开始脱落；食道黏膜萎缩；胃黏膜萎缩变薄，食道蠕动减少，胃肠蠕动减慢，胃排空时间延长；胰脏重量降低，因此易患老年性糖尿病。

（4）感官系统变化。

随着年龄的增长，老年人的感官系统开始退化。眼睑下垂，角膜扁平变厚、失去弹性。视力减退，阅读时需戴老花镜，深度与颜色感知能力下降，容易得干眼症。耳朵中的耵聍腺萎缩，听小骨链硬化，听力出现暂时性衰退或永久性消失。

（5）内分泌系统变化。

内分泌系统与神经系统合作，调节和控制体内活动。随着老化程度增大，内分泌系统各腺体萎缩，分泌速度变慢，影响头发、皮肤等组织，性腺萎缩也导致老年人出现更年期综合征。

（6）运动系统变化。

运动系统老化，表现明显的是韧带、肌腱与关节退化，影响着老年人日常事务的能力，降低了老年人的生活品质。统计显示，50岁后肌肉量不再增加，到80岁时可能损失40%～50%。身体不运动会导致肌肉量减少，身体骨密度降低，容易出现驼背和身高萎缩。

（7）泌尿系统变化。

进入老年期后，肾脏的排泄能力下降，药物及其代谢产物等在体内蓄积，易导致药物中毒。膀胱肌肉和尿道萎缩，容易造成老年人压力性尿失禁或泌尿系统感染。

（8）皮肤系统变化。

伴随衰老，最显著的变化是皮肤起皱纹，皮肤细胞内弹力纤维消失，皮肤变薄、失水。人成年后，皮肤细胞的更替速度就降低了，到了老年期，皮肤细胞更替速度降低了50%。与此同时，毛囊中的黑色素减少，头发开始变白。另外，由于体内雌性激素和睾酮减少，毛发变得稀疏。

（9）神经系统变化。

老化的神经系统很有韧性，老化主要在中枢神经。随着时间推移，树突开始耗损。由于大脑对刺激做出反应的时间延长、睡眠质量不高，老年人更容易患心血管疾病，可能产生轻微或严重中风。人正常老化的生物学变化见表2.1。

表2.1 人正常老化的生物学变化

系统	人正常老化的生物学变化
呼吸系统	呼吸系统肺功能减弱；更易发生呼吸困难，可能更容易患肺炎
心血管系统	如果存在动脉硬化，心脏则不能有效地发挥功能，更容易患高血压
消化系统	唾液分泌减少，食道黏膜萎缩，胃黏膜萎缩变薄，食道蠕动减少，易患糖尿病
感官系统	（1）触觉：可能会有较高的痛觉阈限，更可能发生低热或高热；身体失衡加重； （2）视觉：通常会有老花眼，眼睛需要较多的光才能聚焦，并且对强光反应敏感；分辨颜色的能力可能会下降；有些人会出现白内障、青光眼或黄斑变性（一种渐进性的丧失中央视觉的疾病）； （3）听觉：听觉的灵敏度会减少，甚至超过50%，难以分辨不同的声音； （4）味觉/嗅觉，嗅觉可能会严重受损。味觉会受缺乏嗅觉的影响，可能闻不出煤气、天然气、烟雾或变质饭菜的气味
泌尿道系统	肾脏不能有效过滤毒素，也不能恢复血液中离子的平衡；膀胱丧失了紧张性，更容易出现没有任何症状的感染，导致有些老年人出现小便失禁
运动系统	表现明显的是韧带、肌腱与关节退化，降低处理日常事务的能力，降低的生活品质；可能会变矮，失去肌肉力量和肌肉块，较容易出现关节炎；女性可能会出现骨质疏松症，从而导致骨折、驼背或脊椎侧凸

续表

系统	人正常老化的生物学变化
内分泌系统	葡萄糖的代谢功能不太理想,可能会发展成糖尿病;女性绝经后雌性激素的丧失可能会加重骨质疏松症
皮肤系统	皮肤出现皱纹、头发稀疏并可能变白、指甲变厚;较容易出现低热或高热,受伤可能要多50%的时间痊愈
神经系统	对刺激做出反应的时间延长、睡眠质量不高;更容易患心脑血管疾病,可能出现轻微或严重的中风

5. 老年人疾病的种类及特征

（1）老年人疾病的种类。

老年人生理退化是正常现象。随着人体各部分功能的减弱，各种疾病随之而来。通常，老年人易患的疾病叫作"老年病"。"老年病"并非是指老年人患有的所有疾病，主要是指那些老年人"高发的疾病"和老年人"特有的疾病"，前者如冠心病、高血压、高脂血症、脑血管病、糖尿病等，后者如帕金森综合征、老年白内障、老年骨质疏松症、老年耳聋等。老年病可以分为三类：

第一类是老年人特有的疾病，如脑动脉硬化、老年性耳聋、老花眼等。

第二类是老年人常见的疾病，这类疾病也可在中年期发生，少数是从年轻时延续过来的某些疾病，如糖尿病、骨关节病、恶性肿瘤、老年慢性支气管炎、冠心病、高血压等。

第三类是人的常见疾病，发生在任何年龄层，但老年人的发病率与临床症状表现与青壮年有所区别，如肺炎、感冒等，通常老年人会呈现出症状不典型、病情较严重的特点。

（2）老年人疾病的特征。

老年人患病的几个特征如下：

①致病率高。由于老年人身体功能损耗大，对诸多疾病和意外伤害的易感性增高，许多老年人容易在跌倒时发生骨折等。

②患病多样性。由于老年人器官退化严重，容易患上多种疾病。据统计，老年人平均同时患有6种疾病或更多，这使临床表现呈现出多样性和复杂性。

③临床表现不典型。由于老年人的反应性和敏感性降低，临床表现不典型，容易漏诊、误诊，继而引发医患矛盾。

④容易并发多脏器功能衰竭。老年人脏器功能随年龄增长减退，代谢能力降低，适应能力减弱，机体自稳性差，在疾病应激状态下很容易出现脏器功能不全或衰竭。

⑤变化快、病程长、恢复慢、易复发。老年人抵御疾病的能力弱，患病后很难快速痊愈，且稍不注意就会复发。

⑥易发生医源性损伤。老年人组织器官脆弱、黏膜变薄，在进行有创检查或治疗时，易发生医源性损伤。

⑦易出现多种症状并存。老年人在患病时容易出现意识障碍、二便失禁、行动不稳、生活能力弱化严重等症状。

（四）老年人群体特征

刘奶奶，64岁，退休教师，子孙满堂，性格温和，她的老伴性格开朗，老两口感情很好，搭配默契。刘奶奶一直以来血糖高，最近伴有轻微并发症：嗜睡、心悸、胆小、失眠、惊梦、健忘，不愿意活动，经常在电视机旁边待很久。

刘奶奶退休近4年，多忙碌于照顾子女的孩子，在两个城市之间来回跑。由于子女和孙辈工作、学习很忙碌，陪伴她的时间很短，导致刘奶奶的情感输出减少，语言功能开始慢慢退化，经常遗忘事情。

请思考：
1. 刘奶奶在生理、心理和社会交往方面的状态如何？
2. 刘奶奶反映出老年群体的哪些特征？

1. 老年群体人口特征

（1）老年人口基数大，且发展速度快。

我国老年人口规模庞大。截至2015年年末，我国60岁及以上老年人口数量达到2.2亿，居世界首位，占世界老年人口总量约1/4。据预测，2025年，我国老年人口将突破3亿；2033年会突破4亿；2054年将达到峰值4.87亿。2070年之前，我国将一直是世界上老年人口规模最大的国家。

我国人口老龄化速度是世界上最快。从1999年进入老龄化社会至2054年人口老龄化率达到峰值，我国仅用55年时间，就走完了英国、法国等西方国家百余年的人口老龄化进程。

（2）家庭结构变迁大，家庭养老功能明显弱化。人口老龄化在家庭层面表现为家庭小型化、少子化、老年人家庭户比重提升。随着工业化和城镇化的快速发展，人口迁移流动日益频繁、家庭规模逐步缩小、家庭内部代际结构日益简化，家庭养老功能弱化。

（3）地区发展不平衡。中国人口老龄化发展具有明显的由东向西的区域梯次特征，东部沿海经济发达地区明显快于西部经济欠发达地区；城镇地区老龄化高于农村地区。

（4）女性老年人口数量多于男性老年人口数量。其中，女性老年人口比男性老年人口多出464万人，到2049年将达到峰值，即女性老年人口比男性老年人口多出2 645万人。多出的女性老年人口中50%~70%是80岁及以上的高龄老年人口。

（5）老龄化超前于现代化。中国在经济尚不发达的情况下提前进入老龄社会，属于未富先老。

2. 老年群体生理特征

（1）身体形态呈现老化特征。

随着年龄的增长，老年群体在身体形态上体现出明显的老化特征，如头发稀疏、变白；皮肤粗糙、起皱；脊柱弯曲；牙齿松动、耳聋眼花；行动迟缓；运动障碍等。

（2）生理功能退化。

进入老年期后，个体在呼吸系统、神经系统、循环系统、运动系统、感观系统等各个系统中的功能都出现退化现象,许多老年人因系统老化而被多重疾病困扰,如高血压、高血脂;冠心病;支气管哮喘病;关节炎;帕金森综合征;阿尔茨海默病等。生理的功能退化严重降低了老年人的生活质量。

（3）睡眠障碍。

由于大脑皮质兴奋和抑制能力低下,老年人容易出现睡眠时间减少,睡眠浅、多梦、早醒等睡眠障碍。

3. 老年群体心理特征

（1）认识能力弱化。

老年人身体机能衰退,听力、视觉、嗅觉、皮肤感觉等功能减退,而致视力下降,听力减退,灵敏度下降,同时,老年人中枢神经系统递质的合成和代谢减弱,反应迟钝,动作不灵活,协调性差、注意力不集中。老年社会工作者要接纳老年人动作缓慢的现状,给老年人足够的时间,增强老年人的信心。

（2）更倾向于初级记忆和意义记忆。

记忆是人心理功能重要组成部分。老年人的初级记忆和次级记忆都逐渐减退,但需要经过较复杂信息加工的次级记忆的衰退速度明显快于初级记忆。对老年人而言,对于一些重要的、有意义的事件的记忆明显好于机械记忆。

（3）心理孤独,依赖感强。

孤独是老年人由于缺少或不能进行有意义的思想和感情交流,也不能自觉适应周围环境而产生的情感。同时,老年人因能力弱化,容易产生依赖心理,做事时信心不足,犹豫不决。依赖心理会导致老年人情绪不稳定,感觉退化。因此,陪伴老年人,鼓励、肯定老年人的能力,对老年人的心理健康有很大的支持作用。

（4）负面情绪多。

老年人情感不稳定,易伤感,易激怒,常出现失落感、疑惑感、恐惧感、焦虑感、压抑感等消极情绪。当消极情绪严重时,老年人还会出现血压升高、心悸、呼吸加快、尿频、厌食等症状。因此,帮助老年人疏导情绪,理性对待情绪,减少情绪对老年人的影响。

（5）兴趣感减低,缺乏好奇心。

老年人对外界事物关注程度淡化,对新事物缺乏好奇心,探索欲也逐渐下降。

4. 老年群体社会特征

（1）社会角色转换。

老年人与社会互动关系将会弱化。从职业岗位退出后,老年人进入一个新的人生阶段。

①职业角色转入赋闲角色。老年人退休后,其心理与生活都经历着巨大的转变。造成这种转变的原因有三个:一是退休后经济收入的减少;二是从职业经历中获得成就感、满足感、充实感和自我实现的途径没有了,老年人正在逐渐失去生活体验;三是老年人几十年工作养成的生活习惯将被打破,集体归属感受到冲击,这会使老年人茫然而不知所措。

②主体角色转变为依赖角色。老年人退休前,有稳定的人际关系网络和经济收入,在家庭中是主要角色。退休后老年人原有的主体角色丧失,家庭权威感随之失去,由过去被

子女依赖转向依赖子女的状态，其受到的心理冲击较大，需要子女更多地关心照顾。

③配偶角色逐渐转为单身角色。老年人从夫妻相依相扶，到后期失去配偶成为单身，其情绪和心理所受的打击都是巨大的，很多老年人由于无法承受这种冲击而抑郁甚至死亡。

（2）社会地位变化。

由于老年人逐渐衰老、知识更新能力弱，反应速度慢，其社会地位随之降低，尊严也得不到保障。

①制度上，按规定而退休。一般而言，职业位置赋予了个体相应的社会地位。在单位，老年人被视为负担、保守群体，其地位不高。退休制度让老年人脱离职业岗位，其社会地位也随之降低。

②经济上，收入明显减少。退休后，老年人只能获得基本的生存保障，很多福利待遇随着退休而取消。老年人因劳动能力的逐渐丧失，收入来源大幅下降，有的甚至需要依靠社会救助生活。

③社会上，漠视老年人的合法权益。尽管1996年颁布的《中华人民共和国老年人权益保障法》来保障处于弱势地位的老年人群体权益，但是社会上漠视老年人合法权益的现象依然存在。

④思想上，忽视老年人的价值和作用。随着老年人创造力、体力的降低，社会对老年人在经济创造、文化传承、社会稳定、政治参与中发挥的价值和作用的评价不到位，甚至忽视了老年群体的价值和作用。

（3）家庭变化。

家庭是老年人职业转换后最主要的生活场所。老年人对家庭的认可和依赖程度逐渐增加。随着老年人回归家庭，其角色有着不同程度的转变。一是老年人可能处于空巢期或者鳏寡期，有着强烈的求助需求和陪伴需求。二是对老年人而言，退休后的经济环境不宽松，对子女及外界的依赖程度提高。三是在高龄老年群体中，男女比例悬殊，女性老年人丧偶率高。在离婚老年人中，被迫离婚的人精神压力大。

二、案例示例

（一）案例描述

退休的张老伯每天晚饭后都会去街心公园散步。进入街心公园后，张老伯先去假山旁转悠，假山后面常坐着一个年龄与张老伯相仿的老伯，他手里总是拿着一份报纸。张老伯每次跟这个老伯打一个招呼后就转身离开，并不会坐下来跟他聊天。张老伯喜欢到几棵大柳树下面，看周围没有人，就会靠着一棵树坐下，缓缓地摇动着手中的扇子……远处走来一对手挽手的年轻恋人，他们在张老伯旁边的柳树下停住脚步，女孩背靠着柳树，而男孩子手撑着树，两人开始接吻。张老伯的眼睛就没有离开过这两个人，连扇子都停止扇动了，就像一个侦察兵在观察敌情。这对恋人发现了张老伯在"关注"他们，小声地嘀咕了几句就离开了。张老伯显得有点懊恼，手中的扇子又开始左摇摇、右晃晃。后来，又来了几对这样的恋人，每次当有恋人在旁边站住时，张老伯就会露出一丝不易察觉的笑容，然后又侧头聚精会神地观看。原来张老伯每天的傍晚快乐时光就是来公园观看"十三频道"（上海将老年人观看青年情侣亲密的行为称为观看"十三频道"）。

（二）案例评析

1. 问题分析

就老年人个人而言，不能科学、合理地利用闲暇的时间和安排健康、有益的闲暇活动，是产生上述有些变异行为的个体原因。有相当数量的老年人对闲暇时间的利用是不充分的，半数以上的老年人在闲暇时间只是看看电视，读读报刊，而极少有老年人在空余时间安排科学、健康而且丰富多彩的戏剧演唱、花草种植、鸟鱼喂养、书法绘画、棋牌切磋、烹饪编织以及进老年大学学习等兴趣爱好活动。

2. 社会工作者介入过程

对于老年人喜爱观看"十三频道"的这种特殊社会现象，社会工作者在开展社会工作时必须进行适当介入。解决这个问题的思路有三个：老年人自身角色的及时调整、政府等社会各个部门的认真引导、家庭和社会各阶层的积极协助。

（1）老年人需要及时调整自身角色。

老年人自身应该加强道德修养，及时调整退休以后的生活角色，尽快地建立起科学的生活方式，提倡离休、退休后注意"五动"：

①尽量参与家务劳动。参与力所能及的家务劳动，比如整理房间、擦洗地板、洗刷衣服、购买日常生活用品、洗菜做饭等。这样做对自己身体运动能力的保持、退休后生活规律的调整，以及家庭关系和睦，都是很有帮助的。

②注意加强体育运动。许多老年人十分注意饮食起居，坚持锻炼身体。打太极拳、慢跑、舞剑以及跳舞等体育运动，一方面可以保持或改善自己的生理机能，从而促进心理健康；另一方面可以充实自己的闲暇时间和提高生活质量。

③竭力增进脑力活动。通过读书、看报、欣赏电视节目和收听广播、打牌下棋以及与人交谈来增加脑力活动，智力和心身健康能够保持在正常水平。

④努力培养兴趣爱好活动。有意识地培养几项自己感兴趣且健康、有益的爱好活动来充实晚年生活。比如，去老年大学学习绘画、书法、推拿、烹饪、歌唱、摄影、编织等，或者在家里探索种花、养鸟、雕刻等方面的技艺和经验，也可以在公园里参加老年人"戏剧角""交谊舞天地"等娱乐活动。

⑤积极参加社交互动。比如，组织或参加各种老年社团、自觉组织社区治安老年巡逻队和志愿服务队，这样既可以改善老年人与社区其他成员之间的关系。

（2）社会各部门需加强正确引导。

社会各部门应该根据各地区人口老龄化的发展态势，在人力、财力和物力上加大对老年人活动设施的投入，对老年人发挥余热的积极性要予以保护、引导和鼓励，可以从以下两个方面开展工作：

①增加并改进老年人活动场所和设施。推动政府将社区资源向老年服务群体倾斜，为

老年人提供更多的活动设施，使他们能够真正实现"老有所乐"。

②培养老年人参加健康活动的积极性。推动地方媒体报道老年人的光辉事迹，尤其是大力表彰老年人发挥余热、为社会积极做贡献的事迹，激发老年人利用闲暇时间参与社区建设的热情。

（3）家庭及社会各阶层需增加对老年人的关心。

社会各个阶层（特别是社区组织和家庭成员）要多关注老年人的心理动态，多关心老年人的生活起居情况，要经常开展咨询活动，帮助老年人把主要精力放在对社会有益的事情上。

①要帮助老年人实现"老有所学"。学习是一种终身的行为，老年教育的发展也势在必行。充分调动老年人积极性，利用现有办学资源，开办更多的老年大学。

②要帮助老年人实现"老有所养"。这里的"养"不仅仅是物质生活上的赡养更指精神生活中的敬老、护老。上述"十三频道"等社会现象，更多地出现在"空巢家庭"和"空巢老年人"中。这些"空巢老年人"大多数都很困难；在精神方面，由于长期仅仅面对相处了几十年的老伴甚至是独处，心灵上倍感孤寂，心境抑郁，行为退缩。这些老年人可能由于本身性格方面存在缺陷，对生活兴趣索然，缺乏重新设计晚年美好生活的信心和勇气，久而久之就会产生一些奇怪的打发闲暇时间的想法。因此，动员家庭成员增进对老年人的关心和呵护，多与家庭中的老年人沟通，对于消除老年人出现的一些反常举动很有帮助。同时，还要发动社会各界力量探索建立老年人与子女"分而不离"的模式，让二者始终保持密切的联系。

③要帮助老年人实现"老有所乐"。一方面，老年人要培养健康、积极的兴趣爱好，善于从日常活动中得到快乐；另一方面，也是最重要的一方面，社会各个阶层的人群都要帮助老年人改善社会环境。在帮助老年人实现"老有所乐"的过程中，社区应该发挥主体作用，组织形式多样、内容丰富的文化娱乐活动。比如，组织京剧戏迷社、秧歌队、夕阳合唱团、书画组等让老年人积极参与。老年人们通过参与这些文化娱乐活动，可以排遣心中的衰老感、孤独感、失落感，"换"得愉悦欢乐的心情。

3. 分析和反思

社会工作是一种高度重视价值和伦理的专业和职业，而作为社会工作一个重要的实务领域——老年社会工作，自然也视价值为老年服务的"灵魂"和基础；同时，社会工作者也需要把这些价值和伦理作为从事老年社会工作的道德准则和行为规范。

（1）老年社会工作的开展必须遵循实务原则。

经过长期的发展和实践，社会工作已经形成了一套实务原则，即接纳、非批判、个别化、保密、尊重、案主自决等。这些实务原则适用社会工作所有的实务领域。

①接纳。所谓接纳就是指社会工作者理解和看待案主，完全保持案主与生俱来的尊严与个人价值。接纳原则的精神在于尊重和接纳整体的个人，而不管案主是什么人或者做了什么事，但这并不意味着社会工作者要接受或赞同案主的行为及价值观。

就老年社会工作而言，首先，接纳能帮助老年社会工作者理解案主，从而能够使服务工作更到位。其次，帮助案主从自我防卫中解脱出来，使他们能够坦然面对自己的内心。

本案例中的张老伯观看"十三频道"的行为是一种社会现象，这种社会现象首先要被老年社会工作者所接纳，要承认这也是张老伯等这一类老年群体的需求，在此基础上再去做好说服工作，绝对不能因此对其进行指责。社会工作者不能以自我为中心，不能把自己的判断和感受强加到老年案主身上。

在接纳老年案主的过程中，社会工作者还必须注意规避自己的偏见。例如，有些社会工作者会自以为是地认为老年人是迟钝的，是不愿意学习和难以改变的，是难以沟通的，老年人很固执，人越老越难对付，等等，这些无疑都是偏见。它们的存在自然会影响老年社会工作者对老年案主的接纳和包容，影响老年社会工作服务的品质和效果。例如，在本案例中，如果社会工作者一接触到张老伯这类案主，马上产生一种鄙视心理，认为退休男性老年人无所事事，这种行为令人难堪，那么就谈不到对案主的接纳了。

②非批判。所谓非批判，是指即使别人与自己的意志不一致甚至对立，也不加以抗拒和排斥。就老年社会工作而言，非批判的态度就是老年社会工作者凡事并不皆以自己的意见为唯一判断标准，也不对案主与自己相左的观点或其不合乎常规的行为表现加以斥责。不过，对老年案主持非批判态度，并非代表道德观念上的模棱两可，而是尽力去理解老年服务对象行为背后的理由和原因。

③个别化。所谓个别化，简单地说，就是世界上每一个人都是独一无二的，由此，社会工作不能千篇一律地去看待和处理别人的遭遇及问题。就老年社会工作而言，老年社会工作者应该坚信每个老年人都有其独特之处，必须充分理解每个服务对象的特殊性，并根据这种特殊性选择独一无二的介入策略并为其提供具有针对性的服务。在本案例中，观看"十三频道"的老年人绝不只有案主一人。所以，社会工作者需要提供个别化的专业服务。

④保密。保密原则是指保守与案主有关的、在助人过程中透露给社会工作者的秘密资料。保守秘密能使案主放心，避免案主地位受损。老年社会工作者应时常提醒自己保密原则及保密受限原则，最大限度地保护案主的隐私。

⑤尊重。在社会工作实务中，尊重是指把案主看作有价值和有尊严的个体，避免以个人或社会的流行价值对案主进行批判。在本案例中，虽然案主的行为有不适当之处，但对于提供具体服务的社会工作者而言，仍然需要把案主视为有尊严和有价值的个体，要尊重他们。

⑥案主自决。案主自决在实践中被认可为案主自由地做选择、做决定的权利和需要。这一原则反映出：案主有能力成长和改变，并能负责任地使用自由。在本案例中，老年社会工作者应"与案主一起工作"，一起制定问题的解决方案，由案主自行决定选择服务方案，社会工作者绝不能越俎代庖。不过，在案主抉择之前，社会工作者应评估案主的能力，以帮助他们采取合适的行动。

（2）必须谨慎、小心地运用社会工作实务原则。

坚持社会工作实务原则对于老年社会工作开展的重要性，才能体现社会工作者的专业性。

①理解老年服务对象，使工作更加有效。

②帮助老年服务对象脱离自我防卫，真实面对自己，从而在社会工作者的协助下解决问题。

③将老年服务对象作为一个全人加以尊重，并在具体的服务过程中接纳老年服务对象的不同，忍受模糊不清和不确定性。

④相信老年服务对象有能力成长和改变，并能负责任地使用自由。

⑤更加准确地评估老年服务对象的能力，从而协助他们采取更具有建设性的行动。

⑥向老年服务对象表达愿意与其一起工作的真切愿望，从而缩小与老年服务对象情感上的距离，有助于专业助人关系的建立。

（3）对接纳的反思。

接纳是老年社会工作一个重要的实务原则。社会工作者必须注意。

①认识到社会工作者可能存在的不接纳。这种不接纳的障碍主要来自三个方面：不能接纳自我；以自我为中心，即把自己视为衡量一切事务的尺度；固有的偏见，如一直就对案例中类似张老伯的行为感到排斥。

②避免接纳与赞同两者相混淆。接纳绝不是社会工作者要接受服务对象的行为或赞同他们的价值观，也不意味着当看见服务对象的行为不妥当时，社会工作者不能表达愤怒和不赞成。

三、实训任务

（一）实训案例

在养老院里，75岁的黄卫国显得不太合群，他经常静静地坐在角落里看电视。黄卫国的身体很好，他说自己几乎没得过什么病。此前，他一直与儿子生活在一起，自从3年前，老伴去世之后，儿子便把他接过去一起住了。

那为什么要来养老院呢？记者让他对比一下与儿子同住和在养老院居住的区别，黄卫国显得很局促，并连连表示"这个不好比，不好比……"深入交谈之后，他才向记者透露搬入养老院的原因是他要追求"自由"。

黄卫国告诉记者，他的儿子、儿媳是做个体生意的，家境很不错，而且对黄卫国也很孝顺，不但精心照顾吃穿，每年还会带他到外地去旅行两次。儿子、儿媳的精心照顾，很多时候对黄卫国来说却是"束缚"。"比方说，我喜欢吃甜的、辣的，但儿媳说这对健康不利，经常提醒我要控制饮食。"黄卫国表示，他明白儿媳是为自己好，没有理由反驳，因此只能让嘴巴"吃亏"了。

此外，儿子、儿媳制定的一些"家规"也让他很不适应。比如，内衣、内裤与外衣、外裤要分开洗，换下的袜子要尽快清洗，不能随意丢在床上、桌子上。在一起生活的日子里，黄卫国曾经因为这类事件多次被儿子、儿媳"批评"。黄卫国表示，他明白儿子、儿媳的一些生活习惯是健康、卫生的，但要自己改变几十年来形成的习惯，也不是一件容易的事。于是在一年多前，黄卫国向儿子、儿媳提出到养老院生活，当即儿子便不同意，但他仍然坚持，多次争吵之后，儿子、儿媳只好无奈地妥协了。

黄卫国自认为是一个随性的人，他表示现在养老院的生活很适合自己，想吃就吃、想睡就睡、想干点活就干点活，"很自由"。

（二）案例分析

（1）请分析案例中黄卫国有哪些心理需求。

（2）请根据黄卫国的心理需求为其设计一个能够提升幸福感的方案。

四、巩固提高

（一）知识回顾

1. 重要概念

生命历程；同期群；健康；健康老龄化；成功老龄化；正常老化。

2. 重要理论

生命历程理论；埃里克森的心理社会发展八阶段理论；皮克的人生后半期七阶段发展论；正常老化相关理论。

（二）思考题

（1）如何运用生命历程视角分析同期群老年人？

（2）如何看待正常老化？

（3）如何运用埃里克森的心理社会发展八阶段理论和皮克的人生后半期七阶段发展论分析老年人在此阶段的需求与任务。

（4）正常老化与疾病区别是什么？

（5）老年群体的特征有哪些？

第三章 老年社会工作需求评估

【知识目标】

◇ 了解老年社会工作需求评估的基本概念。
◇ 理解老年社会工作需求评估的框架、特殊老年人的评估特点。
◇ 掌握老年社会工作需求评估的步骤、技巧。

【能力目标】

◇ 能运用评估表等工具对老年人进行需求评估。

【素质目标】

◇ 遵循社会工作伦理价值并结合老年人自身的身体情况，运用需求评估的正确方法为老年人提供多角度的评估和更精准的服务。

一、基础知识

（一）老年社会工作需求评估概述

需求评估是社会工作者提供介入前最为关键的一步，最终目的是更精准地提供服务。老年社会工作的需求评估指的是通过收集老年人的相关信息，理解老年人的处境，使社会工作者最终能够准确地描述其问题和确定需要改善的条件，以改善老年人处境的过程。在这个过程中，强调基于能力和生命历程的视角去看待老年人群体。

本章将从需求评估的方法、需求评估的框架、特殊老年人的需求评估三个方面阐述。

（二）老年社会工作需求评估的方法

1. 老年社会工作需求评估的资料来源

老年社会工作需求评估的对象是老年人，常用的资料收集方式有访谈法、观察法、量表评定法、文献法。

需求评估的资料来源则一般分为直接来源和间接来源。

（1）直接来源。

①采用访谈法，直接询问被评估的老年人，这是最直接可靠的来源。访谈优先选择的是面对面访谈，在面谈确实不方便的情况下，可以选择电话访谈。

②采用观察法，观察被评估的老年人的非语言行为、所处的环境等。非语言行为包括姿势、眼神、动作、装扮、脸色、呼吸、声调等。

③采用量表评定法：使用信度和效度高的量表对被评估的老年人进行评测，社会工作者应受过相关培训方可使用。测量结果不能作为诊断，仅用于参考。常用的量表有老年人自理能力评估量表、社会支持评定量表、简短智能测试量表（MMSE）、抑郁量表（GDS-15）、日常生活能力量表（ADL）、工具性日常生活能力量表（IADL）、被虐风险评估表、跌倒风险评估表等。

（2）间接来源。

①从老年人的家人、亲戚、朋友、邻居、同事、照顾者、医生、护理员等处获取信息。

②采用文献法，如查阅关于被评估老年人的病例及登记信息、老年人群的权威研究等。

在开展老年社会工作需求评估时，社会工作者应多方面多渠道进行信息收集，以保证需求评估的准确性。

2. 老年社会工作需求评估的步骤

老年社会工作需求评估的过程是社会工作者凭借尊重的态度系统地获取数据的过程。其分为两种情况：一种是社会工作者上门为老年人进行需求评估；一种是老年人到社会工作者的办公室主动求助。

（1）社会工作者上门探访。

①搜集资料：社会工作者提前从各个渠道搜集老年人的资料。

②预约时间：社会工作者致电老年人，约定合适的上门探访时间。注意，尽量不约在对方做饭、吃饭和休息的时间。如果是第一次给老年人打电话，可以告知老年人自己是如何获得他的联系方式的。

③拟订提纲：社会工作者提前拟订上门探访进行需求评估的访谈提纲。

④行踪报备：社会工作者探访出发前应先报备上级或告知同事。

⑤准备相关资料和物品：社会工作者穿着工服，佩戴工牌，携带相关资料和物品：服务宣传资料、评估表，准备纸笔和老年人辅助器具，如放大镜、助听器等。

⑥告知探访目的：社会工作者告知老年人探访目的。

⑦开展需求评估：社会工作者运用专业技巧，根据访谈提纲的内容，为老年人开展需求评估。

⑧记录、分析和跟进：在面谈结束后，社会工作者对需求评估结果进行记录、分析和跟进。

（2）老年人主动救助。

①确定服务资格：社会工作者应确定老年人的所在地及其所需的服务是否在机构可提供服务的范围内。

②提供服务简介及选择：简要介绍社会工作服务的宗旨、政策、项目、范围等。

③确定老年人是否曾接受过服务：社会工作者可了解老年人在接受服务方面的经验和理解等。

④肯定及鼓励老年人的求助行为：肯定行为有两层含义：一，寻求帮助不是一件容易的事情，老年人愿意尝试寻求帮助，应该已经克服了很多困难，肯定老年人的努力；二，寻求帮助是老年人自身的选择，老年人是愿意尝试解决问题的，他有做出选择和决定的能力。

⑤了解老年人现时的问题和需求：根据实际情况进行评估，包括问题、需求和资源状况；可优先评估老年人存在的危机，如健康风险、受虐、自杀、抑郁等特殊情况。

⑥记录、分析和跟进：在面谈结束后，社会工作者对需求评估结果进行记录、分析和跟进。

3. 老年社会工作需求评估的原则和注意事项

在老年社会工作需求评估的过程中，社会工作者除了需要遵守基本的社会工作伦理原则，包括尊重、保密、非批判、接纳、知情同意、案主自决等外，还需要注意以下几点。

（1）留意老年人的身体状况，需求评估时间不宜过长，在需求评估过程中如果发现老年人的身体不适，应停止需求评估，与老年人协商其他合适的时间。

（2）在需求评估过程中使用量表时需严格依照评测要求。量表测量对环境有一定要求，社会工作者应在接受培训后才能使用。在评测过程中，社会工作者应严格按照量表的要求开展，确保测量的信度和效度。

（3）需求评估并非一定能在一次面谈中完成。它取决于老年人的需求变化、社会工作者的专业技巧以及社会工作者与老年人建立关系的专业程度。

4. 老年社会工作需求评估的技巧

需求评估的技巧有很多，这里提供的几个基本技巧供参考，分别是非言语技巧、聆听技巧、发问技巧、运用正向语言、同理心回应、澄清等。

（1）非语言技巧。

美国著名高校加州大学洛杉矶分校 Albert Mehrabian 教授的研究显示，人们有效表达情绪或感受时，需要从肢体语言、语调和语言三方面综合考虑。其中，语调占7%，语言占38%，肢体语言占55%。此研究显示了非言语部分的重要性。

非言语部分包含目光接触、面部表情、头部动作、手部动作、身体动作、身体姿势、身体距离、衣着等。社会工作者在开展需求评估时也需要掌握非言语的技巧。比如，面部表情是微笑而轻松的；目光是柔和而专注的。再如，与老年人有适当目光接触时，眼神不过分飘移，也不直视太久。

（2）聆听技巧。

①让咨询者把话说完。

②如果咨询者犹豫不决，鼓励他把话说完，而不是直接响应他说的话。
③在咨询者把话说完之前，不做判断。
④认真聆听但不去注意咨询者的说话方式（如口音、语法、用词）。
⑤把咨询者的观点复述一遍，确认自己的理解正确。

以上五点提供了"怎么去听"的方向，那么社会工作者又该"听什么"呢？有时候服务对象的叙述是比较混乱的，社会工作者需要运用框架去归纳和理解。可以从以下四个方面去聆听。第一个是事情：有什么事情是已经发生了的？这个事情的过程是怎么样的？第二个是行为：他做了什么没有做什么。别人做了什么又没做什么。第三个是想法：他在关注什么，他的观点是什么。第四个是感觉：事情发生之后，他的内心感受是怎么样的。

这里有一个例子。一位老年人的家属说："他现在轻度痴呆，一个人住在老家，我真的很担心，但是我又什么都做不了"。社会工作者运用聆听框架记录下的应是：

事情：老年人患轻度认知障碍，一个人住在老家。
行为：家属没有讲他做了什么事或没做什么事。
想法：家属认为他现在什么都做不了。
感受：家属表达自己感到担心。

运用这个框架可以更好地去理解服务对象的情况，而服务对象没有表达出来的那部分信息，就是社会工作者需要继续发问探询的。

（3）发问技巧。

社会工作者在开展需求评估时，需要尽可能地获取资料，其中就需要采用发问的方式。在发问的过程中，社会工作者需要注意多用开放性的问题，少用封闭式的问题；一次发问只提出一个问题，以免对方不知道应该先回答哪个问题。常用的发问框架有5W1H〔Why（为什么）、What（什么）、When（什么时候）、Where（在什么地方）、Who（谁）、How（怎样）〕。以下是参考例句：

①你认为是什么原因导致这个问题？（Why）
②你对这个问题有什么看法？（What）
③你认为问题是怎样开始的？你认为这个问题会持续多久？（When）
④这个问题有什么地方让你感到担心？它的哪些方面影响了你的生活？（Where）
⑤这个问题会影响到谁？（Who）
⑥你认为这个问题有多严重？给你带来了什么影响？（How）

（4）运用正向语言。

社会工作强调优势视角，社会工作者在开展需求评估的面谈时，应尽量使用正向的语言表述，并多给老年人以鼓励和肯定。以下有两个例子：

①你觉得你的不足是哪些？
②你觉得你需要改善的是哪些？

这两个例子中，第二个是正向语言的描述，社会工作者应多使用此类表述方式。

（5）同理心回应。

同理心回应又称为共情，反应式倾听。在绝大多数助人的理论流派和咨询技巧中，它都占据着至关重要的位置，它是所有回应技巧的基础。

同理心与同情心有区别。同情心是每个人生来都有的。比如,当一个人看到别人摔倒受伤,生重病死亡,觉得难受,甚至会哭泣,这是同情心。同理心则是在同情心更高一个层次上的,它指的是一个人能够设身处地感同身受,理解对方的情绪,并做出回应。

(三) 老年社会工作需求评估的框架

老年社会工作需求评估可以从以下几个方面进行评估,分别是基本资料的收集、危机方面的评估、生理方面的评估、心理方面的评估、社会方面的评估、环境与资源方面的评估、家庭照顾者的评估。

1. 基本资料的收集

基本资料的收集包括老年人的姓名、年龄、受教育程度、职业、经济状况、婚姻状况、居住情况、兴趣爱好、信仰、联络电话及地址、紧急联系人/监护人、期待解决的问题等。

2. 危机方面的评估

危机方面的评估包括评估老年人是否有以下行为:自杀行为、暴力行为、虐待行为、伤害他人或正在遭受虐待等。社会工作者在遇到老年人有以上情况时,应联合相关部门进行紧急介入。

3. 生理方面的评估

生理方面的评估指的是针对老年人身体情况的评估,如果涉及比较专业的生理方面的评估,社会工作者应与医生、康复师、护士等有医学背景的专业人士合作。

老年社会工作范畴的生理方面评估一般包括评估老年人的健康状况、感观能力、自我照顾能力和活动能力。

(1) 健康状况:了解是否有疾病、是否按时服药、是否正在进行慢病管理等。

(2) 感官能力:了解听觉、视觉、触觉、嗅觉、味觉的情况。

(3) 自我照顾能力:了解自我照顾能力的程度是哪种情况,完全自理、半自理、完全不能自理。

(4) 活动能力:了解是否能行动自如、左右手和左右脚的活动能力如何、是否乘坐轮椅、是否对防止跌倒采取一定措施等。

除了使用访谈、观察、文献等方法了解以上内容外,在此过程中可辅助使用的评估表有以下两种:

(1) 老年日常生活能力评估量表:评估老年人日常生活能力。

(2) 老年人跌倒风险评估表:评估老年人跌倒的风险。

4. 心理方面的评估

心理方面的评估指的是针对老年人的认知功能、情绪和情感、生活满意度、自我形象等的评估。

(1) 认知功能:包括知觉、记忆、注意、思维、想象、计算等功能。

(2) 情绪和情感:包括如喜悦、愤怒、恐惧、焦虑、忧伤、无助等感受体验。

（3）生活满意度：指对自己生活状况的满意程度。
（4）自我形象：指对自己的看法、认识和评价。
在评估以上内容的过程中，常用的辅助评估表有以下六种：
（1）简短智能测试量表：评估老年人认知功能状况。
（2）焦虑量表：评估老年人焦虑程度。
（3）简短老年抑郁量表：评估老年人抑郁症状程度。
（4）自杀风险评估量表：评估老年人的自杀风险。
（5）自尊量表：评估老年人对自我形象的看法。
（6）生活满意度指数量表（LSI）：评估老年人对生活的满意程度。

5. 社会方面的评估

社会方面的评估指的是针对老年人的社会适应能力、社会支持系统、社会服务的利用、经济情况、社会参与、社会角色等内容的评估。
（1）社会适应能力：指对社会环境的适应情况。
（2）社会支持系统：包括家庭支持系统的情况、社区支持系统的情况、朋友圈、社交情况等。
（3）社会服务的利用：对社会服务的使用情况。
（4）经济情况：包括目前的收入来源，是否能满足日常需要等。
（5）社会参与：指是否积极参与社会事务，包括工作、积极参与社会团体的活动、担任团体中的角色等。
（6）社会角色：指对当前社会角色的看法和适应情况。
在评估以上内容的过程中，常用的辅助评估表有以下三种。
（1）社会参与功能评估问卷：评估老年人社会参与的情况。
（2）社会支持评定量表（SSRS）：评估老年人的社会支持系统。
（3）角色功能评估问卷：评估老年人对社会角色的适应情况。

6. 环境与资源的评估

环境与资源的评估指的是针对老年人的居住条件、环境适老化友善程度、享受的政策福利、拥有的资源等的评估。
（1）居住条件：了解老年人居住的条件是怎样的，包括家中的卫生情况、防跌设计、器具摆放等。
（2）环境适老化友善程度：了解老年人周围环境的便利程度，包括居住楼层、是否安装电梯、小区配套等。
（3）享受的政策福利：了解老年人是否享受当地的政策福利，如老年人补贴、乘车优惠等。
（4）拥有的资源：重视老年人拥有的资源，包括外在的资源和内在的资源。
在评估以上内容的过程中，常用的辅助评估表有以下两种：
（1）居家环境专业评估表：评估老年人的居家环境的友好程度。
（2）公共建筑物无障碍设施评估表：评估老年人居住地周围的公共设施情况。

7. 家庭照顾者的评估

这里的家庭照顾者指的是承担老年人照顾工作的主要家庭成员。社会工作者对家庭照顾者的评估主要集中在照顾压力、照顾安排、拥有的资源等方面。

（1）照顾压力：了解家庭照顾者包括经济上、生理上和心理上的压力。

（2）照顾安排：了解家庭照顾者对照顾资源的了解程度，家中的照顾人手情况，如何对老年人进行照顾。

（3）拥有的资源：重视家庭照顾者拥有的资源，包括外在的资源和内在的资源。

在评估以上内容的过程中，常用的辅助评估表主要是照顾者负担问卷（CBI），用以评估家庭照顾者的压力状况。

综合上述的需求评估框架，社会工作者需要留意的是在进行需求评估时并非需要评估所有内容，而应该根据老年人的具体情况和当时当地的情境，选择合适的评估内容和评估工具，见表3.1。

表 3.1 评估表名称及其作用

序号	名称	表格类型	类别	作用
1	老年人日常生活能力评估量表	量表	生理方面	评估老年人日常生活能力
2	老年人跌倒风险评估表	表格	生理方面	评估老年人跌倒的风险
3	简短智能测试量表	量表	心理方面	评估老年人认知功能情况
4	焦虑量表	量表	心理方面	评估老年人焦虑程度
5	简短老年抑郁量表	量表	心理方面	评估老年人抑郁症状程度
6	自杀风险评估量表	量表	心理方面	评估老年人的自杀风险
7	自尊量表	量表	心理方面	评估老年人对自我形象的看法
8	生活满意度指数量表	量表	心理方面	评估老年人对生活满意程度
9	社会参与功能评估问卷	表格	社会方面	评估老年人社会参与的情况
10	社会支持评定量表	量表	社会方面	评估老年人的社会支持系统
11	角色功能评估问卷	表格	社会方面	评估老年人对社会角色的适应情况
12	居家环境专业评估表	表格	环境与资源方面	评估老年人居家环境的友好程度
13	公共建筑物无障碍设施评估表	表格	环境与资源方面	评估老年人周边的公共设施友好情况
14	照顾者负担问卷量表	量表	家庭照顾者方面	评估家庭照顾者的照顾压力状况

(四)特殊老年人的需求评估

1. 认知症老年人的评估

认知症,即俗称的老年痴呆症,由于"老年痴呆症"的称呼带有歧视性,国内多以认知症、脑退化症、失智症来替代该名词。中华医学杂志发布的《2018中国痴呆与认知障碍诊治指南》中指出,痴呆是一种以认知功能缺损为核心症状的获得性智能损害综合征,认知损害可涉及记忆、学习、定向、理解、判断计算、语言、视空间等功能,其智能损害的程度足以干扰日常生活能力或社会职业功能,而且在病程的某一阶段常伴有精神、行为和人格异常,通常具有慢性或进行性的特点。

社会工作者在为认知症老年人进行需求评估时,可根据上述的评估框架,选取合适的内容进行评估,如攻击行为、认知能力、活动能力、社会功能、家庭支持、照顾安排、情绪状态等。具体评估内容可见表3.2。

表3.2 对认知症老年人需求评估

序号	需求评估框架	项目	建议包含的内容
1	基本资料的收集	基本资料	了解姓名、年龄、受教育程度、居住情况、兴趣爱好、监护人联络方式等
2	危机方面的评估	暴力行为	了解老年人有无攻击行为,在什么情况下容易出现攻击行为
3	生理方面的评估	健康情况、活动能力、自我照顾能力	了解老年人患有哪些疾病,是否患有慢性病,有无定期服药等; 了解活动的能力情况; 了解自我照顾能力情况
4	心理方面的评估	认知功能	了解老年人目前认知功能的情况,可配合简短智能测试量表评估
5	社会方面的评估	社会支持网络	了解老年人的社会支持系统,目前的社交情况如何
6	环境与资源的评估	居住环境、享受的政策福利	了解老年人目前居住之处是否有防跌倒措施,物品的摆放是否便于老年人取用,危险器具是否已经放置在老年人拿不到的地方等; 了解老年人是否享受政府的优惠政策和补贴
7	家庭照顾者的评估	照顾压力、照顾安排	了解家庭照顾者在照顾方面存在哪些压力;目前如何照顾老年人;如果老年人有暴力行为,家庭照顾者是否知道如何保护自己等

社会工作者在针对认知症老年人进行需求评估时,由于认知症老年人的认知退化情况各不相同,大部分问题需要由家庭照顾者回答。如果认知症老年人与家庭照顾者一起,社会工作者应尽量引导认知症老年人参与访谈。

2. 抑郁症老年人的评估

抑郁是常见的情感障碍,以情绪低落、愉快感丧失及精力减退为核心症状,还可能存在注意力不集中、内疚自责,甚至自伤、自杀行为等症状,部分患者伴有多种多样的躯体不适症状。老年抑郁症患者有隐匿性特点,他们一般不会主动表达自己心情不好,而是反复诉说身体不适。因此,老年抑郁症的核心症状虽然是情绪低落,但大多数患者是以躯体症状作为主要表现形式的,如睡眠障碍、头痛、胃肠道不适、食欲下降、心血管疾病或假性痴呆等。

老年抑郁障碍广义上是指老年期这一特定人群的抑郁障碍,狭义上是指首发于老年期的抑郁障碍。

社会工作者在为抑郁症老年人进行需求评估时,可以从以下几个方面进行:服药就医情况、自杀危机评估、社会支持网络、活动能力、情绪状态、兴趣爱好等,见表3.3。

表3.3 为抑郁症老年人进行需求评估

序号	需求评估框架	项目	建议包含的内容
1	基本资料的收集	基本资料	了解老年人的姓名、年龄、受教育程度、居住情况、兴趣爱好、监护人联系方式等
2	危机方面的评估	自杀危机	了解老年人有无自杀行为或近期是否有自杀的计划
3	生理方面的评估	健康情况、活动能力、自我照顾能力	了解老年人患有哪些疾病,是否患有慢性病,有无定期服药等。是否服用抗抑郁的药物; 了解老年人活动的能力情况; 了解老年人自我照顾能力情况
4	心理方面的评估	情绪状态	了解老年人目前情绪状况,可配合简短抑郁量表、焦虑量表进行评估
5	社会方面的评估	社会支持网络	了解老年人的社会支持系统以及目前的社交情况
6	环境与资源的评估	居住环境、享受的政策福利、拥有的资源	了解老年人目前居住的家中是否有防跌倒措施,危险器具是否已经放置在老年人拿不到的地方等; 了解老年人是否享受政府的优惠政策和补贴; 了解老年人外在和内在的资源
7	家庭照顾者的评估	照顾压力、照顾安排	了解家庭照顾者在照顾方面存在哪些压力;目前是如何照顾老年人的;如果老年人出现自伤行为,家庭照顾者有哪些应对措施

3. 被疏忽照顾老年人的评估

被疏忽照顾老年人是世界卫生组织列出的虐待老年人行为中的一种。联合国经济及社会理事会在2002年的一个文件中（E/CN.5/2002/PC/2）对被疏忽照顾老年人的定义如下，指不采取下列行动以满足老年人的需求：①不提供适当的食物、干净的衣服、舒适的住所、良好的保健；②不准与外人交往；③不提供必要的辅助用品；④未能防止老年人受到身体上的伤害，未能进行必要的监护。照顾者可能由于缺乏信息、技能、兴趣或资源而未能提供老年人的基本用品。疏于照料的标志包括能够表明老年人身心状况欠佳的各种外在症状，如脸色苍白、嘴唇干裂、体重减轻、衣着邋遢、缺少辅助用品、个人卫生情况差、不能自理、口部溃疡以及身体和精神状况恶化。

社会工作者在被疏忽照顾老年人进行需求评估时，可以从以下几个方面进行：危机评估、照顾安排、情绪状态、照顾者压力评估。对被疏忽照顾老年人进行需求评估见表3.4。

表3.4 对被疏忽照顾老年人进行需求评估

序号	需求评估框架	项目	建议包含的内容
1	基本资料的收集	基本资料	了解老年人的姓名、年龄、受教育程度、居住情况、兴趣爱好、监护人联系方式等
2	危机方面的评估	遭受虐待的危机	了解老年人是否遭受到虐待
3	生理方面的评估	健康情况、活动能力、自我照顾能力	了解老年人患有哪些疾病； 了解老年人活动能力情况； 了解老年人自我照顾能力情况； 了解老年人如何看待照顾者的照料
4	心理方面的评估	情绪状态	了解老年人目前情绪状况，可配合简短抑郁量表、焦虑量表评估
5	社会方面的评估	社会支持网络	了解老年人的家庭支持系统、社区支持系统、社交圈
6	环境与资源的评估	居住环境、享受的政策福利、拥有的资源	了解老年人目前居住的家中适老化情况； 了解老年人是否享受本地的优惠政策和补贴； 了解老年人外在和内在的资源
7	家庭照顾者的评估	照顾压力、照顾安排	了解家庭照顾者在照顾方面存在哪些压力； 了解家庭照顾者目前是如何照顾老年人的以及照顾人手是否充足； 了解家庭照顾者对本地照顾资源的了解程度； 了解家庭照顾者如何看待老年人存在被疏忽照顾的问题

4. 临终老年人的评估

临终是指老年人生命中的终末期。我国临终照顾对象是预计不超过 3 个月的终末期患者及其家属。对临终老年人的评估见表 3.5。

表 3.5 对临终老年人的评估

序号	需求评估框架	项目	建议包含的内容
1	心理方面的评估	情绪状态	了解老年人目前的情绪状况,是否存在恐惧、焦虑的情绪
2	环境与资源的评估	环境的舒适度	了解老年人目前所处空间的舒适度; 了解医疗人员及照顾者提供的照顾是否令老年人感到舒服
3	家庭照顾者的评估	照顾压力	了解家庭照顾者在照顾老年人方面存在哪些压力; 了解家庭照顾者目前的情绪状况

由于临终老年人很大可能已经进入弥留阶段,所以社会工作者不宜花太长时间开展需求评估,应为其创造轻松的陪伴环境,然后在陪伴中了解老年人的需求。

二、案例示范

(一)案例描述

案例 1:

陈婆婆,80 岁,独居老年人,一个人住在社区,腿脚不方便,子女均不在身边。陈婆婆平时每天都会出来买菜,但最近一个星期都没有出过门,而且打电话也一直没人接,所以,社会工作者决定上门探访她。

社会工作者应做哪些准备?应重点评估陈婆婆的哪些方面?

案例 2:

陆爷爷是退休老师,65 岁,近期觉得精神状态比较差,经常忘事,有些担心自己的记忆出了问题,主动寻求社会工作者的帮助。

社会工作者应如何对陆爷爷进行需求评估?

(二)案例评析

案例 1:

该案例属于社会工作者上门探访的类型。社会工作者去探访前应做如下准备:①通过各种渠道收集陈婆婆的情况。如询问社区工作站工作人员,查阅陈婆婆在社区中的资料档案等。②社会工作者致电老年人,约定合适的上门探访时间。注意尽量不约在对方做饭、吃饭和休息的时间。如果是第一次给老年人打电话，可以告知老年人自己是如何获得他的联系方式的。③拟订需求评估的提纲，并进行记忆。④在探访出发前应先报备上级或告知同事，着工服，佩戴工牌，准备纸笔，携带相关资料：服务宣传资料、评估表，老年人辅助器具（如放大镜）等。

社会工作者在为陈婆婆进行需求评估时重点评估以下几个方面：
①危机方面：有没有生命方面的危机，如自杀或无法行动等；
②生理方面：目前身体状况；
③环境和资源方面：家中的物品摆放、防跌倒设计；
④心理方面：情绪状态、认知功能等；
⑤社会方面：家庭的支持系统、社区的支持系统。

案例2：

该案例属于老年人主动求助的类型。社会工作者如果是第一次接触陆爷爷，可以参考以下六个步骤：①确定服务资格。②提供服务简介及选择。③确定老年人是否曾接受过服务。④肯定老年人的求助行为。⑤了解老年人现实的问题和需求。⑥对老年人的情况进行记录、分析和跟进。

因为陆爷爷有比较明确的问题，所以在第⑤个步骤社会工作者可以多了解陆爷爷针对记忆的问题，这个问题目前对陆爷爷生活的影响，为此做过了哪些努力等。可以重点从心理方面的认知功能部分进行评估。

三、实训任务

（一）实训案例

（1）按照所学的评估知识，找一名老年人（可以是熟悉的，也可以是不熟悉的）进行需求评估。

（2）根据所学的评估框架，假设你是社区中心的社会工作者小林，即将去社区探访一名女性老年人，75岁，姓陆，目前与儿子一家住在一起。请拟订一个需求评估的访谈提纲。

（二）案例分析

（1）基本步骤如下：①搜集资料。②预约探访时间。③拟订提纲。④报备行踪。⑤准备相关资料和物品。⑥告知探访目的。⑦开展需求评估。⑧记录、分析与跟进。

（2）访谈提纲可包括告知老年人这次探访的目的、基本资料的评估、危机的评估、生理方面的评估、心理方面的评估、社会方面的评估、环境与资源方面的评估、结束语等。示例如下。

访谈提纲

陆奶奶：

您好！我是社区中心的社会工作者小林。之前我给您打过电话，今天我按照预约时间过来探访您。这是我的工牌，您叫我小林就可以。

我今天来的主要目的是想跟陆奶奶介绍一下社会工作者的服务情况，另外也来看看陆奶奶这边有什么问题是我们可以帮忙解决的。

这是服务介绍资料，我跟您说一下有具体哪些服务……

访谈问题：

（1）奶奶多大岁数了？（基本资料）

（2）奶奶目前跟谁一起居住？（基本资料）

（3）奶奶的身体怎么样？（生理方面）

（4）退休前的职业是什么？（基本资料）

（5）平时的日常爱好是什么？（基本资料）

（6）是否经常外出去活动？会参与哪些活动？（社会方面）

（7）平时和家人、邻居的关系如何？（社会方面）

（8）平时比较要好的有哪些朋友？（社会方面）

（9）如果遇到事情想找人商量，一般会先找谁？（社会方面）

谢谢陆奶奶今天跟我们聊了这么多，今天就到这里吧，我们可以约下次见面的时间。如果您最近还想到什么，可以拨打我们中心的电话×××××××。

因为是第一次见面，社会工作者在设计访谈提纲的时候，应避开过于敏感的问题，如直接询问对方的经济状况等，可从对方的兴趣爱好、特长、经历、社交方面入手。

四、巩固提高

1. 知识回顾

（1）老年社会工作需求评估的目的是什么？

（2）老年社会工作需求评估的伦理价值是什么？

（3）老年社会工作需求评估的资料来源有哪些？

（4）老年社会工作需求评估的步骤是什么？

（5）老年社会工作需求评估的技巧有哪些？

2. 案例实训

某天，一位40岁左右的女士到社会工作者服务站寻求社会工作者的帮助。她说她们一家三口目前与76岁的母亲同住，母亲此前一直帮她料理家务，年轻时也是一把好手，但是她发现母亲近期有些奇怪,原来特别熟悉的菜做不出来了,有一次还把生肉直接端上餐桌,但是问她一些事情,她大部分时间又能回答上来。她怀疑母亲患了认知症,想带母亲去医院做检查,母亲怎样都不愿意,并且坚持说自己没病。家里人都很苦恼,所以她来寻找社会工作者帮忙。她甚至提出能否请社会工作者吃饭,在饭桌上跟母亲交个朋友,然后借此对母亲进行评估,并劝母亲去医院就医。

如果你是这名社会工作者,你会接受这个提议吗?你认为有什么好的解决方式去开展需求评估?

3. 延伸思考

在实际工作中,社会工作者上门探访老年人,为其开展需求评估时,经常会遇到一个问题,就是需不需要带礼物?结合社会工作的专业伦理价值和实务技巧,你认为,上门探访老年人应该带礼物吗?

第四章 老年人社区照顾

一、基础知识

（一）老年人社区照顾的基础知识

1. 老年人社区照顾的起源

我国自古代就提倡孝道，十分重视老年人的养老问题：周朝每年举行一次"乡饮酒礼"，其目的正是"正齿位、序人伦、敬老重贤、息事端、敦睦乡里"，由当地的地方官员主持，60岁以上的老年人上坐，50岁以下者站着等候，算是从礼仪层面上从社区对老年人进行精神层面照顾与重视的雏形。汉代，对孝道推崇备至。汉文帝颁布的《授粥法》明确规定，80岁以上老年人每月由地方政府供给一定量的大米、肉和酒，是最早规定基层地方对老年人赡养、提供明确物质照顾的法律法规。西汉时期颁布的《王杖诏书令》规定，70岁以上的人持有"王杖"，享有各种社会优待，与现代意义上的高龄老年人享有各类优惠政策的情况十分类似。历朝历代对老年人进行社区照顾的具体办法不胜枚举，而且还随着朝代更迭与各朝代经济实力、国力强弱不断变化与进步。

相较于我国，西方国家对老年人进行社区照顾的历史更短，但发展速度更快，还历经福利国家建构和福利国家转型两个阶段。其中，英国是老年人社区照顾的福利体系起源国家。第二次世界大战接近尾声时，英国出台的《贝弗里奇报告》则标志着"从摇篮到坟墓"的现代福利制度及福利体系正式建立，第一家老年人日间照料机构也于20世纪40年代出现在伦敦，并在20世纪80年代迅速发展起来。

2. 老年人社区照顾的发展

现代意义上的老年人社区照顾经历了四个阶段的发展：社区内服务→由社区来服务→为社区而服务→使社区能服务。随之而来的则是以社区为基础的为老服务的职业化、专业化与全面化。

仍然以现代意义的老年人社区照顾的发祥地英国为例，在"社区内服务"阶段，服务务对象在自己居住的社区内接受各类入户或社区内部的服务。发展到"社区来服务"阶段时，由社区内的家庭、邻里等作为服务提供者为服务对象提供小型化、个别化、人性化、有尊严的照顾服务，以人为本的服务内容尤其适应老年人身心发展的年龄特质。而当进入"为社区而服务"阶段时，整合居家式、社区式、机构式的为老服务资源，以社区内老年人的需求为导向，各种资源为基础，建立社区支持网络，使社区照顾更加系统化、专业化。目前，"使社区能服务"成为主流阶段，开发社区福利机构或社区组织的服务能力，构建更加专业的社区照顾的服务载体，由此形成了包括居家服务、家庭照顾、老年公寓、老年活动中心在内的多元化服务载体，以及为老年人开展精神慰藉、心理支持、经济援助、安宁疗护等方面的服务内容。

（二）老年人社区照顾的类型

社区照顾服务是一个有多种服务目的、能够进行持续照顾的服务体系，可以给有不同需求的老年人提供选择服务的机会，其目的在于通过整合、协调社会服务资源，确保老年人及其家庭有一个整体性的服务方案，并有资源为其提供专业化的、个性化并可持续的照顾，以保证对老年人的服务质量，从而在满足老年人照顾需求的同时，增强其自立生活的能力，并达到成本控制的目的。社区照顾的内涵包括长期护理照料、去机构化、减少公共依赖、非正规照顾、选择与参与、需求导向的服务，以及成本效益七个方面。社区照顾的核心是正常化以及独立自主的自由选择，它倡导的是老年人不脱离家庭与熟悉的社区环境接受照顾服务，尽可能地延长其在生活原址正常进行社会生活的时间，强调正规与非正规的照顾互相配合，"非正规照顾"资源和"正规照顾"资源共同构成老年人社区照顾的支持网络。

1. 老年人社区照顾模式及类型

英国学者沃克（A. Walker）指出，社区照顾的主要实施策略有三种：在社区内照顾、由社区照顾和与社区一起照顾。它们都只反映了社区照顾总体含义的一部分，社区照顾应是上述三种照顾方式的综合，是一种支持社区并通过社区充分地挖掘社区内的各种资源对受助人进行照顾的综合性的实施策略。老年人非正规照顾体系见表4.1。

表4.1 老年人非正规照顾体系的内涵

支持要素	基础	协助项目	限制
配偶	婚姻的誓约	个人服务 家务服务 生病照顾 情绪支持	①配偶本身也年老体弱，较难担任照顾任务； ②寡妇比鳏夫多，故女性老年人较少有配偶可提供支持； ③照顾者承担着过重的负荷和压力
子女	回馈、责任、依附	情感支持 交通接送 财务管理 家务协助	有相互矛盾的角色冲突： ①照顾年老父母，还要养育子女； ②照顾者和工作者角色冲突

续表

支持要素	基础	协助项目	限制
兄弟姐妹	血缘	情绪支持 交通接送 家庭维修 协助出院后的照顾	①老年人的兄弟姐妹本身也是老年人，较难提供工具性的协助； ②如不居住在附近，不便就近提供实质上的协助
朋友	共同的生活经验、共同的兴趣	①情绪上的支持和相互做伴； ②工具性支持（协助购物、交通接送、杂事办理）； ③老年人自我价值的再确认	①老年人的行动能力受阻，会影响友谊的发展，也会影响朋友间的相互支持； ②老年人朋友年龄相仿，随着年龄的增长，朋友纷纷离世，朋友自然会减少
邻居	居住的邻近性	①代收信件、代看管房屋、代借用品、拜访聊天、情感上的支持； ②遭遇危机时的即时协助	①若平时互相不来往，出现突发事件时也难以相互支援； ②邻居的互惠关系是短期的，会因为搬迁而结束

"在社区内照顾"是指将一些服务对象留在社区内而开展的服务，即指有需要及依赖外来照顾的弱势人士，在社区的小型服务机构或住所中（由政府及非政府的服务机构在社区里建立的小型的、专业的服务机构）获得受过训练的专业人员（专业医生、护士、心理咨询师等）的照顾。如社康中心、老年人之家、老年人护理院、老年人福利院等。

"由社区照顾"是实行社区照顾的核心策略，是指由家庭、亲友、邻里及社区内的志愿者等提供的照顾和服务，强调借助非正规社会支持网络的力量动员社区内的资源，发动在社区内的亲戚朋友和居民协助提供照顾，积极协助弱势群体和有需要的人在社区中重新建立支持网络，从而帮助他们继续留在社区或他们原本的生活环境下维持独立而有尊严的生活。

"与社区一起照顾"的服务主要包括日间护理中心、家务护理、康复护理、多元化的老年人社区服务中心、暂托服务、关怀访问及定期的电话慰问等。"与社区一起照顾"的核心强调正规照顾和非正规照顾相辅相成、互为补充的重要性。"在社区照顾"和"由社区照顾"的策略各有其优点与不足，"与社区一起照顾"的服务正是结合两者的优点，彼此相辅相成、互相补充，强调建立一个能够将正规社会服务及非正规社会支持网络相互结合的社会服务模式。

（1）社区机构照顾。

社区机构服务的服务形式主要有以下几种：①将被照顾者迁回他们熟悉的社区中的家庭里生活，并辅以社区支援性服务。②将社区内的大型机构改造为更接近社区的小型机构。③将远离市区的大型机构迁回社区，使服务对象有机会接触社区，方便亲友探访。例如，托老所或老年日间照料中心，在中国香港地区则称为老年人日间护理中心。老年人日间照料兴起的哲学基础在于：无论年龄或脆弱性，老年人应当有权决定自己接受照料的类型，并且他们的选择不应当因自身局限而被拒绝。

（2）家庭照顾。

家庭照顾是以非正式资源为主的照顾方式，其中非正式资源包括家人、亲戚、朋友、邻居和志愿者等，接受家庭照顾的老年人一般居住在家中，家庭成员是老年人的主要照顾者。在我国，家庭照顾仍然是老年人长期护理照料的主要服务形式，家庭照顾一般由亲戚、朋友和邻居为老年人提供协助方面的服务，主要包括情感支持、家庭关系调解、资源链接等方面；家人除了提供情感支持外，提供生活照顾、经济和实物也很重要，而且还需要为长期卧床不起的老年人提供一定程度的家庭护理，如洗澡、穿衣、喂食、饮食的准备、陪医陪诊、购物等。

（3）居家照顾。

居家照顾是正规照顾与非正规照顾相结合的综合服务项目，非正规照顾的内容与以上所述的家庭照顾内容大致相同，正规照顾是指由专业人员提供的服务，主要分为居家医疗照顾、居家护理保健照顾、个人生活照顾和家政服务等方面的内容。

居家医疗照顾主要是由医师、护士为生病在家的老年人提供医疗诊断和治疗方面的服务。但是由于费用方面的问题，此项服务已经逐渐改为居家护理保健照顾，居家护理保健照顾主要是由医护人员到老年人的家中提供照顾和指导服务，其目的是增进、维持或恢复个人健康，或者将个人的疾病和残疾程度减至最低影响程度，使其达到生活上的独立自主，也可以使老年人拥有正常的居家生活。居家护理保健照顾服务的内容一般包括注射、伤口护理、抽血化验、导尿、物理性治疗、康复保健等专业性的服务。个人生活照顾是指对一些卧床不起，或者一些病情比较稳定、但日常生活仍需要照顾的老年人提供生活上的照顾，包括洗澡、移动、特殊康复保健运动等服务项目。家政服务内容则包括打扫卫生、准备饭食、洗衣、购物等。

（4）日托照顾。

老年人的日托照顾主要是一种开放式的小型机构照顾，属于正规照顾。日托照顾可以分为两类：一类是与社会服务相关的，如日托中心和短期护理服务中心，日托中心是指为老年人在白天能与其他老年人接触并获得照顾，使其子女可以安心工作的社会服务机构。日托中心提供的服务有午餐供应、个人生活照顾、物理治疗和康复保健等内容。短期护理服务中心协助被照顾的老年人或老年人的照顾者，其目的是让照顾者有机会处理其个人的事务，或获得短时期的休息，使照顾者的身心压力得到一定程度的缓解。另一类是日托医院，其对需要继续治疗和康复保健、但又不需要住院治疗的老年人提供医疗方面的服务，与一般性的医院相类似。日托照顾服务的目的在于尽量使老年人生活在社区中，尽量使老年人和家人生活在一起，尽量使老年人能够过上独立自主的生活。

2. 老年人社区照顾类型的比较

在社区内照顾的核心是强调服务的"非机构化"，发展以社区为基础的治疗与服务设施、技术和计划，将照顾者放回社区内进行照顾，在他们熟悉的社区环境中生活，协助他们融入社区生活，使所提供的服务更贴近人们的正常生活，从而避免了过去大型照顾机构那种冷漠、没有人情味和与世隔绝的程式化的专业照顾带来的负面后果。

由社区照顾的核心是强调动员社区内的资源，发动老年人在社区内的亲戚朋友等为其提供照顾。社区照顾实践已充分证明了建立强有力的地区支持网络是实施社区照顾不可忽略的策略。当代社会的现实表明，正式的组织关系并不能代替非正式人际关系提供的社会资源和支持，如果不依赖非正规社会支持网络，很难建立起一个守望相助、互助互爱的"老年友善型社区"。由社区照顾强调的是借助非正规社会支持网络的力量，因为非正规社会支持网络的特点是灵活、及时、方便和人性化，比较适合为有需求的人提供情感性支持、伦理性支持、信息性支持和短期轻度服务等，所以较易得到受助者的信任也较能提供初步支援。因此，社会工作者的主要任务是去识别社区现存的资源网络，协助强化这些支持资源之间的联系或建成互相关联的资源网络，并促进社区成员的支持及互助能力，运用社区支持网络开展照顾服务能弥补机构照顾的不足，甚至代替机构照顾的许多功能，但是，非正规社会支持网络也有其不足之处，主要是服务者的专业服务水平不高，往往不能向服务对象提供足够水平的服务支援，而且通常不能给受助者保证提供连贯性及可靠性的支援。

与社区一起照顾的核心是强调正规照顾和非正规照顾相辅相成、互为补充的重要性。与社区一起照顾的服务结合了在社区照顾与由社区照顾的优点，强调建立一个能够将正规社会服务及非正规社会支持网络两者相互结合的社会服务模式。正式机构的优势是组织结构明确、专业分工清楚、岗位职责明确、资源筹措充分、服务方案设计科学等，所以应该发挥正式机构的优势，为社区提供专业的有保证的服务。由于正规服务易官僚化及规律化，以致缺乏弹性及灵活性，因此也需要一定程度的资源投入。非正式关系网络是人类在传统社会条件下主要的社会交往方式，而社区中的关系主要就是这种非正式的社会关系。非正式的社会关系灵活、有弹性、能够轻易地接触到社区内有需要的人士。正式组织机构和非正式社会支持网络之间的关系是一种互相补充的分工合作性关系，充分发挥社区非正式网络的作用，配合正规的社会服务，建立以社区为基础的有效照顾网络，区分不同网络所具有的功能，为社区居民提供不同类型的服务与支持，使受助者的困难真正能够在社区内得到解决。

老年人社区照顾模式的分类与比较见表4.2。

表4.2 老年人社区照顾模式的分类与比较

社区照顾模式	社区照顾类型	优点	缺点
在社区照顾	机构照顾（社区内小型服务机构）	将照顾者放回社区内进行照顾，在他们熟悉的社区环境中生活，避免大型照顾机构冷漠、没有人情味和与世隔绝的程式化的专业照顾带来的负面影响	在治疗与服务设施、技术和服务资源上与大型照顾机构有差距

续表

社区照顾模式	社区照顾类型	优点	缺点
由社区照顾	家庭照顾	注重非正规网络资源,亲情的温暖;便捷、人性化的服务;自由度较大;一定程度的日常生活独立与社会交往可以降低老年人对家人的依赖程度,并延其入住机构的时间;成本比居家照顾、日托照顾和机构照顾低	非正规社会支持网络也有其不足之处,主要是服务者的专业水平不高,往往不能向服务对象提供足够的服务。而且通常不能给受助者保证提供连贯性及可靠性的支援
与社区一起照顾	居家照顾	随时可以得到生活方面的实际帮助;使更多的老年人得到照顾,并能够预防问题的恶化;可以避免机构照顾产生的负面效应,成本也比机构照顾低	在体系的协调运作中,老年人的需求容易被忽视;资源的分散和专业人员的稀少可能会造成服务成本的提高
	日托照顾		

（1）家庭照顾的特点。

家庭照顾的优点是老年人在家中可以享受到家庭的温暖与亲情。与机构照顾相比较,家庭照顾的自由度较大,没有"被监视"的感觉;一定的日常劳作与社会交往可以延迟入住机构的时间;成本效益方面,家庭照顾比社区照顾和机构照顾方便。但家庭照顾也常常被指责存在性别不平等问题,即照顾者往往是女性,这会造成性别的差异;老年人的家庭照顾容易产生各种家庭生活的压力,如社会的、心理的压力,造成家庭人缘关系紧张,导致家庭关系破裂;家庭中非正式的照顾不能完全满足老年人的护理需求,服务水平参差不齐,质量难以保证等。

（2）居家照顾与日托照顾的特点。

居家照顾与日托照顾的优点：提供的服务可以使老年人随时得到生活方面的实际帮助;可以使更多的老年人得到照顾,并能预防问题恶化,可以减轻机构照顾的负担,以及避免机构照顾所产生的负面效应,成本费用比机构低。

居家照顾与日托照顾的缺点：在体系的协调运作中,老年人的问题往往容易被忽视,资源的分散和专业人员的稀少可能会增加服务成本。

（三）老年人社区照顾的现状

我国的城镇化建设使大量村镇合并,也使原来具有同样生活习性和志趣的人打破了旧有的行政区体制,重新整合到一起,这种社会化的趋势正是建立社区养老的契机,符合社区照顾的要求。2004年6月8日,民政部宣布启动全国"社区老年福利服务星光计划"（以下简称"星光计划"）,以应对人口老龄化挑战。"星光计划"的主要任务是从中央到地方,民政部门将把发行福利彩票筹集的福利金的绝大部分用于资助城市社区老年人福利服务设施、活动场所和农村乡镇敬老院的建设。

与此同时,涉老法规政策系统性、协调性、针对性、可操作性仍有待增强;城乡、区域老龄事业发展和养老体系建设不均衡问题突出；养老服务有效供给不足，质量效益不高，人才短缺；老年用品市场供需矛盾比较突出；老年工作体制机制不健全，社会参与不充分，基层基础比较薄弱。

（四）社区居家养老服务体系

1. 居家养老服务的产生与发展

我国的老年福利模式与我国的经济、社会发展变化紧密相关。我国的社区养老服务与社区服务是在20世纪80年代末期开始同步发展的。在发展初期，主要开展的是一些老年人活动中心、老年人俱乐部、老年人日常生活照料、家务服务等内容。

我国已陆续建立起一批社区居家养老服务设施及场所，满足了部分老年群体的需求。各个地区因地制宜已形成多种社区居家养老服务模式，总体上初步形成了政府主导、社会各方力量多元参与的运行管理模式。

2. 居家养老服务的现状及问题

《"十三五"国家老龄事业发展和养老体系建设规划》提到，以居家为基础、社区为依托、机构为补充、医养相结合的养老服务体系初步形成，而作为基础部分的居家养老服务体系在发展、完善中逐渐形成了五个大类的服务内容：

（1）社区老年人的紧急援助服务。

（2）社区老年人的生活照料服务。

（3）社区老年人的医疗卫生保健服务。

（4）社区老年人的文化娱乐服务。

（5）社区老年人的权益保护服务。

社区居家养老服务现存问题如下。

（1）社区居家养老服务供需失衡。我国老龄人口的不断增加以及老年群体生活水平提高引起的养老服务需求更加多样化，使得社区居家养老服务的供需矛盾逐渐凸显。全国范围内提供社区居家养老服务的项目主要集中在饮食、健康这一基本生活需求层面，文化娱乐沟通交流等精神层面的服务仍然较少。

（2）社区居家养老服务筹资渠道单一。我国社区居家养老服务的资金来源大致包括政府投入、用者付费以及社会资本。大部分仍然以政府投入为主，仅依靠政府专项基金和社区自筹资金，对于修建较为完善的社区养老服务设施为社区老年人提供基本的社区居家养老服务是远远不够的。

（3）社区居家养老服务队伍整体水平参差不齐。目前，我国社区居家养老服务队伍中主要包括社区管理人员、专职服务人员和志愿者。专职服务人员存在专业化水平较低，持相关岗位资格证（如养老护理员、社会工作师、助理社会工作师等）人数占比少。

3. 居家养老服务的发展

科学搭建多元参与的社区居家养老服务体系的方法如下：一是需要创新社会治理、社会服务理念；二是需要促进自我养老向社区居家养老过渡；三是需要完善多元主体参与的协同照料机制；四是需要强化社区居家养老服务标准，为居家养老服务提供规范化指导。

《国务院关于加快发展养老服务业的若干意见》中提到，大力发展居家养老服务网络、发展居家养老便捷服务。地方政府要支持建立以企业和机构为主体、社区为纽带，满足老年人各种服务需求的居家养老服务网络；要通过制定扶持政策措施，积极培育居家养老服务企业和机构，上门为居家老年人提供助餐、助浴、助洁、助急、助医等定制服务；大力发展家政服务，为居家老年人提供规范化、个性化服务。要支持社区建立健全居家养老服务网点，引入社会组织和家政、物业等企业，兴办或运营老年供餐、社区日间照料、老年活动中心等形式多样的养老服务项目。

《"十三五"国家老龄事业发展和养老体系建设规划》中提到，夯实居家社区养老服务基础；大力发展居家社区养老服务；逐步建立支持家庭养老的政策体系，支持成年子女与老年父母共同生活，履行赡养义务和承担照料责任；支持城乡社区定期上门巡访独居、空巢老年人家庭，帮助老年人解决实际困难；支持城乡社区发挥供需对接、服务引导等作用；加强居家养老服务信息汇集，引导社区日间照料中心等养老服务机构依托社区综合服务设施和社区公共服务综合信息平台，创新服务模式，提升质量效率，为老年人提供精准化个性化专业化服务；鼓励老年人参加社区邻里互助养老；鼓励有条件的地方推动扶持残疾、失能、高龄等老年人家庭开展适应老年人生活特点和安全需要的家庭住宅装修、家具设施、辅助设备等建设、配备、改造工作，对其中的经济困难老年人家庭给予适当补助；大力推行政府购买服务，推动专业化居家社区养老机构发展；加强社区养老服务设施建设。统筹规划发展城乡社区养老服务设施，新建城区和新建居住（小）区按要求配套建设养老服务设施，老城区和已建成居住（小）区无养老服务设施或现有设施未达到规划要求的，通过购置、置换、租赁等方式建设；加强社区养老服务设施与社区综合服务设施的整合利用；支持在社区养老服务设施配备康复护理设施设备和器材；鼓励有条件的地方通过委托管理等方式，将社区养老服务设施无偿或低偿交由专业化的居家社区养老服务项目团队运营。

（五）老年人社区支援网络

老年人社区支援网络是指当老年人有事需要求助时，其家人、亲属、朋友和邻居等能够及时地向他们提供援助及照顾，不仅是目前社区照顾的主要支柱，也是目前老年社会工作者经常采用的工作方法。

1. 老年人社区支援网络的功能和策略

社区支援网络是指个人在社会的联系体系，通过这个体系，个人可维持其社会身份，获得情感及物质支持，并能够得到需要的信息及服务。它可以降低老年人在老龄化过程中所面对的压力，对提高老年人的生活质量有极大的帮助。

社区支援网络可以提供及时、快捷和实质性的日常生活援助，包括起居生活的照顾、经济的支持、子女的照顾等；在因孤寂而导致的生理及心理的不协调时可以为老年人提供情感的支持；同时，可以将社区服务的资料和信息及时传达给老年人，为老年人提供更多的便利。

扩大社区支援网络可以有不同的方法，福兰德等认为其中五种网络策略应用最为普遍。这五种策略分别是个人网络、志愿者联系网络、互助网络、邻舍协助网络和社区授权网络。

（1）个人网络。

个人网络通常包括家庭成员、朋友和领导等成员。扩大个人网络的策略主要是集中老年人个人网络中现在的、有联系的、有支持作用的成员，社会工作者尽量动员这些重要人员提供相应的服务并帮助老年人解决问题。

（2）志愿者联系网络。

志愿者联系网络主要运用于个人支持系统较弱的老年服务对象，其主要目的是为这些服务对象寻找及分配可提供帮助的志愿者。其工作方法为开展诸如定期探访、情绪及心理支持、护送或购物等服务。其中，社会工作者可以为志愿者提供训练，并为老年人提供其所需要的督导和支持。

（3）互助网络。

建立互助网络的重点是将面对共同问题或有共同背景和兴趣的老年人组织在一起，为他们建立同辈的支持系统或支持团体，如社区老年人协会、兴趣团体、互助小组等。这个策略可以加强网络成员的支持系统，改善同伴关系，促进信息及经验交流，还能依靠集体力量加强共同解决问题的能力。

（4）邻舍协助网络。

邻舍协助网络主要协助老年服务对象与邻居建立支持性关系，召集及推动邻居为老年人提供帮助，特别是一些即时性、危机或非长期性的援助服务。工作方法一般是通过挖掘社区内的自然协助者或核心人物及社区管理者等，如邻居、物业人员、清洁队员、保安人员、居委会人员、业主委员会人员等，建立并强化他们与老年服务对象的联系。

（5）社区授权网络。

社区授权网络主要是社会工作者为老年人建立起一个行动网络或团体，为网络中的成员反映其需求，争取资源去解决自身的问题，并提倡老年人的权益。另外，社会工作者还需要协助他们与社区有关的代表或重要人员建立联系。

2. 扩大老年人社区资源支援网络的工作技巧

（1）推行老年人社区支援网络的理念。

工作者应该将老年人支援网络从个人网络照顾层面扩大到整体的社区网络资源照顾层面，除包括老年人的家属外，也可包括社区中的其他人以及其他的团体、老年人互助团体，邻舍照顾组织等，以扩大社区照顾的资源网络。

（2）推行网络照顾的评估方法。

社会工作者也需要评估老年人现有的照顾网络的功能，网络照顾功能的评估有助于把照顾的责任及工作不过分集中于某一位家庭成员的身上，也有方便工作者了解目前网络照顾的困难以及照顾者的压力，从而给老年人提供老年人更适切的社区照顾建议。

（3）疏解照顾者所承担的压力。

对于老年人的照顾者来讲，他们在长期护理照料中会承受来自生理、心理和社会等方面的极大压力。社会工作者一般可以通过及时介入、同理心的运用、扩大居家照顾者的支援网络、教导及重整照顾者与其老年家人的沟通、鼓励照顾者培养个人兴趣这五个方面来缓解所承受的压力。

（4）积极维持老年人的社区志愿网络。

社会工作者除了要扩大老年人的个人照顾网络到社区网络的整体层面之外，还要注意积极维持老年人的社区志愿网络，将照顾者的工作分散到老年人的社区志愿网络中。在此工作过程中，需要持续培养社区志愿者并赋予老年人志愿服务的意义以及运用表彰激励等方式，有效地开展社区老年人志愿服务。

（5）正规和非正规评估照顾模式的最佳结合。

在正规和非正规评估照顾模式的整合工作层面上，社会工作者应该做到以下几个方面：

①为老年人居家照顾提供实际服务上的支持，开办居家照顾和训练服务，提供上门居家照顾辅导和训练，进行社区教育，组织互助团体，以解决老年人的社区照顾需求。

②建立直接服务的自助服务系统、同类型服务对象的互助组织的服务系统和社区危机处理的自助组织服务系统，形成社区层面老年人服务的照顾网络，满足社区老年人的需要。

（6）关注被照顾老年人的身心健康。

社会工作者要关注被照顾老年人的需求及心理健康，这是工作者应该关注的主体。社会工作者应该帮助照顾者了解被照顾老年人因为身体的衰弱而产生的不安感。与此同时，更重要的是帮助老年人舒缓情绪，增强照顾者和被照顾者之间的沟通力度并不断改善沟通方法。

二、案例示范

（一）"告别孤寂"案例示范

告别孤寂——运用社会工作专业工作手法搭建高龄空巢老年人社会支持网络

1. 案例背景

FF社区成立于1998年7月，社区内共有4个生活小区，均为商品住宅，辖区内市政公共设施齐全，交通便利，环境优越，安保及卫生状况良好，居民中户籍人口、外来人口较多，原居民较少。居民构成中60岁有上老年人约有850人，经常居住在社区内的老年人有400人左右，80岁以上享受政府养老补贴的户籍老年人有25人。在老年人群体中，取样30人，占常住老年人人数的7.5%，这些老年人中80%为退休人员，80%以上非本市户籍，在取样群体中，独居、空巢及高龄老年人占到70%，这些老年人大部分为随子女来深圳居住的。非本市户籍的老年人中，大部分在其他地区享有养老金，有一半左右的老年人退休前的职业是教师、技术人员、文艺工作者，相对自身素质较高。

FF社区及周边环境中能为高龄老年人提供社会支持资源的主体有社区工作站、社区老年协会、社区服务中心、小区物业、社区志愿者、社区周边的企事业单位（如社区康复中心、各种银行网点、理发店等）、社区周边的市政设施单位。FF社区30位高龄老年人社会支持情况见表4.3。

表4.3 FF社区30位高龄老年人社会支持情况表

支持主体	支持类型	支持关系状态
社区（社区工作站、市政文化单位及设施、社区团体组织等）（正规支持网络）	以工具性支持为主（社区工作站、社区康复中心小区物业、理发店、饭店等社区周围企事业单位），情感性支持为主（社区服务中心、社区老年协会、博物馆、音乐厅、电影院等）	市政设施较少与高龄老年人匹配，为弱关系；社会团体组织中，社区服务中心为强关系，其他为弱关系
社会网络（非正式支持网络）	以情感性支持为主（高龄老年人的亲戚、共内的休闲场所、朋友等）	弱关系
亲密伴侣（非正式支持网络）	以情感性支持为主（少数知己、密友或配偶）	独居高龄老年人表现为弱关系

通过对FF社区高龄老年人面临的困难及需求的分析，社会工作者运用个案、小组、社区等专业社会工作方法提供社会工作服务，并对社会支持资源进行管理与整合，使各社会支持主体能够为高龄老年人提供相应的社会支持，与高龄老年人建立较强的联结关系。及时解决高龄老年人面临的问题、满足社区高龄老年人的需求而建立的网络，是比较理想的针对高龄老年人的社会支持网络。

FF社区的高龄老年人在生理方面的特点与其他高龄老年人一样，半数以上患有一种或多种的慢性疾病（如高血压、糖尿病等）。高龄老年人约有一半以上是外地户籍，部分为空巢状态（空巢老年人是指没有子女照顾、单居或夫妻双居的老年人，分为三种情况：一种是无儿无女无老伴的孤寡老年人，另一种是有子女但与其分开单住的老年人，还有一种就是儿女远在外地的老年人）。在服务需求方面，下面这位老年人的信息可帮助我们更直观地了解社区老年人的状况：谢阿姨，年龄81岁，老伴于一年前因病去世，现一人独居，生活能够自理；有一子两女，儿子及大女儿，每周会定期来看望服务对象，小女儿在成都。每月有2 000多元的退休收入；睡眠不好，每天去社康中心做针灸，身体较虚弱。自老伴去世后，情绪一直不稳定，经常独自流泪，很少外出，社会交往比以往减少很多。虽然其他老年人并非都是这样的状况，但在城市商品楼小区内，他们大多来自不同的地区，同样存在与社区其他资源联结较弱的问题。下面以谢阿姨的服务需求制定开展以下个案服务。

2. 服务计划

（1）服务目的：个案工作手法可以协助服务对象处理负面情绪，协调服务对象家人关系，促进服务对象增强社会交往能力及扩大社会交往范围，使服务对象更舒心地生活在社区中。

（2）服务目标：
①运用个案辅导协助服务对象改善低落情绪；
②与其家人联系，了解与服务对象相关的信息，协助服务对象与家人相互理解；
③扩大社会交往范围，协助服务对象搭建社区支持网络；

④鼓励服务对象参与社会活动，增强其社会能力。

（3）介入手法。

①个案辅导，家访，面谈，协调服务对象与其子女的关系；

②开展高龄老年人支持小组，协助其获得社区支持网络；

③运用社区工作方法，鼓励服务对象参与社区活动。

3. 介入过程

查尔斯·扎斯特罗把人的社会生态系统区分为3种基本类型：微观系统、中观系统、宏观系统。其指出，微观系统是指处在社会生态环境中的看似单个的个人。个人既是一种生物的社会系统类型，更是一种社会的、心理的社会系统类型。中观系统是指小规模的群体，包括家庭、职业群体或其他社会群体。宏观系统则是指比小规模群体更大一些的社会系统，包括文化、社区、机构和组织。在长达近8个月的个案跟进中，工作人员根据社会生态系统理论的分析，分别介入服务对象的微观、中观和宏观系统。

微观系统方面：运用上门探访、情绪安抚、面谈等工作方法，针对服务对象情绪低落、孤独寂寞等情绪问题，在面谈过程中协助案主寻找自己的优点，增强服务对象的自信心，鼓励案主走出家门，参与社区活动。

中观系统方面：主动联系服务对象的家庭成员，以协调者的角色促进服务对象与家人相互理解，协助服务对象及其家人换位思考，多关注对方的正向行为及想法，经过工作人员的协调，服务对象与其家人的关系趋于稳定。

宏观系统方面：鼓励服务对象参加"流金岁月"高龄老年人支持小组、"老年人下午茶"特色服务等，鼓励服务对象发挥自身优势，协助服务对象加强与社区其他老年人的联系。在活动过程中，工作人员随时关注服务对象的表现，给予其及时的鼓励和肯定，帮助服务对象建立老年人之间的社区互助支持网络系统。

4. 介入效果

服务对象现况：服务对象个人精神状态及正向认知都得到很大程度的改善，与儿子的关系也得到改善，现在两人之间能够互相体谅、互相关心。案主不但积极参与社区活动，而且已经成为社区老年人团体的带领人。个案服务前后对照见表4.4。

表4.4 个案服务前后对照

层面	具体感受	个案服务前	个案服务后
感觉	情绪低落	4	1
	孤独感	5	1
	麻木	3	0
生理感官知觉	腿脚无力	3	1
	缺乏精力	4	1
	胃部不适	4	1

续表

层面	具体感受	个案服务前	个案服务后
认知	子女不关心自己	3	0
	老而无用	4	0
行为	失眠	5	2
	对群体活动没有兴趣	4	0
	生活行为单一，不外出	4	0
	叹气、哭泣	5	1

注：分值为 5/4/3/2/1/0；其中 5 最严重，0 为症状消失。

（二）案例评析

随着老龄化现象不断加剧，高龄老年人群体迅速扩大，我国社会老龄化问题更加严峻。高龄老年人生活的适宜性，关系到他们的晚年幸福。要解决高龄老年人因健康、年龄、环境等方面的变化而产生的适应性问题，运用社会工作方法为其加强社会支持网络是非常重要的。

社会支持网络理论的主要观点认为，个人的生存需要与他人合作并仰赖他人的协助。在遭遇生活事件时，个人需要资源以应对问题，其中包括个人的内在资源与外在资源，社会支持网络属于外在资源，分为正式支持与非正式支持。社会网络是一组由个人接触构成的关系网，通过这些关系网，个人得以维持其认同，并获得情绪支持、物质援助、服务、信息、新的社会接触等；社会支持是指由社区、社会网络和亲密伴侣所提供的感知和实际的工具性或表达性支持；按照内涵，社会支持分为工具性支持和表达性支持；按照主客观，社会支持分为实际支持和主观感受。

1. 高龄老年人的需要

（1）社区环境及设施配套的需要：社区内适合高龄老年人的公共休闲场所和健身设备相对不足，虽然每个小区都有棋牌室，但并不适合所有的高龄老年人，他们需要相对安静、休闲的场所。

（2）就医保健的需要：本社区的高龄老年人多患有疾病，希望能够定期检查及了解自己的身体状况，生病时能够及时得到医院的救助，但因为子女太忙，老年人自身能力有限等，这些希望就成了现实存在的问题。

（3）家庭照顾的需要：因为现代家庭结构的变化，家庭规模越来越小，加之子女工作繁忙，导致 FF 社区高龄老年人的家庭照顾较为缺乏，高龄老年人中空巢独居老年人比例较大。

（4）人际交往的需要：由于高龄老年人社会交往范围的缩小和自身特点，他们较少有机会参与社会活动，导致他们逐步与社会脱离。

（5）精神关爱的需要：由于家人经常不在身边照顾，朋友住得远，与周围邻居不熟，老年人社交范围较小。

2. 运用社会工作专业手法的可行性

（1）有实际操作经验可借鉴：FF社区服务中心已经运营两年半，中心配备了4名专业社会工作者，为社区内高龄老年人提供专业的服务且积累了较为丰富的经验。

（2）居民对服务较为认可：该社区服务中心运营两年多来，在老年人特别是高龄老年人服务领域开展了长期稳定的专业服务，得到了居民们的认可和支持。

（3）政府积极推动社会工作行业的发展：深圳市政府对社会工作发展较为重视，在政策、资金、行业指导等方面提供了大力支持。

（4）FF社区本身有较多可运用的资源：社会工作者可整合社区自有资源，运用个案、小组和社区的专业工作方法帮助高龄老年人更多地使用社会支持网络，加强社区高龄老年人社会支持网络的建设。

3. 专业反思

（1）空巢老年人随着年龄的增长及身体健康状况的变化，常常会出现自我认同感降低，社会交往力下降的现象，具体表现为心情郁闷、孤寂，食欲减低，甚至流泪哭泣。在此服务过程中，工作员发现FF社区的老年人经济状况较好，但空巢老年人同样面临精神孤寂、无人陪伴的问题。可见，人的精神状况的愉悦度与个人经济状况并非成正比例，在社会能力逐渐下降的过程中，老年人更关注的是自我存在感，他们往往需要得到比身体健康时得到更多的精神关注和照顾。

（2）在服务开展初期，社会工作者曾认为主动介入服务对象的家庭关系会存在一定的困难，认为服务对象的家人是否会接受社会工作者提供的这项服务。但在后期的跟进过程中，社会工作者发现只要以尊重、中立、客观的态度与其家人交谈，其家人也很愿意配合工作人员的建议，主动改变与服务对象的沟通模式，取得了双赢的效果。反思之前社会工作者的想法，应工作人员也是受"家丑不可外扬"的传统观念的影响，先入为主地进行了主观的判断，反而造成了在服务过程中的自我困扰。所以老年人只有放下主观意念，才能更好地体现社会工作者在工作过程中的不批判的工作原则。

（3）基于社会支持网络理论开展的老年人社会工作，综合运用个案、小组、社区的社会工作方法帮助高龄老年人加强社会支持网络的建设，在实际工作过程中取得了良好的成效。经过社会工作者团队的努力，FF社区中的高龄老年人无论其正式支持网络还是非正式支持网络都得到了加强，他们已经形成了自助互助的社区支持网络，并且在这一过程中，他们越来越多地参与社区发展的事务，发挥个人资源，联结社区资源，组建起一支高龄老年人广场舞队，积极参与社区服务中心、社区工作站、老年协会及社会组织所开展的社会活动，真正加强和扩大了他们的社会支持网络。

（4）社会工作专业工作手法在运用时所表现出来的优势是提供立即性协助；弥补正式服务资源不足，减低服务成本；提供网络中个人的助人机会与相关训练。其缺点是扩大或维持案主网络相当耗时；专业人员本身的知识与技能不足。目前，社会工作者团队逐渐引进并整合社区资源，发展义工队伍，以扩大和维持高龄老年人的社会支持网络。

三、实训任务

（一）实训案例

小张是某老年人日间照料中心的社会工作者，已经在那里工作3个月了。有一天，一位常住社区的老年人王叔把他的老伴陈姨带到中心，向小张寻求帮助。王叔表示陈姨5年前因车祸脑部受损，几乎失去语言能力，无法独立行走，失能、失智状况严重。由于康复治疗费用高，王叔只能将陈姨接回家中自己照顾。王叔没有康复照料经验，导致陈姨的健康状况在很长一段时间内都没有得到改善，恢复进度缓慢。陈姨由于记忆力受损严重，记不住任何事物，周围的人和事对她来说都是陌生的，对不熟悉的人和环境缺乏安全感，需要王叔寸步不离地陪伴在身侧。王叔需要全天看守和照顾陈姨，除此之外，其他事情几乎没时间做了。王叔感到很疲惫，看不到未来的希望。陈姨与王叔，以及他与其前妻的儿子同住，但这个儿子与她交流甚少。

面对这种情况，对于小张有些慌乱，由于他还是新人，缺少服务经验，对于疑难个案不知如何应对，于是找到督导寻求帮助。

（二）案例分析

老年人社区照顾工作有多样化的服务内容和形式，包括社区机构照顾、家庭照顾、居家照顾和日托照顾。社会工作者在开展老年人领域服务时，应了解老年人群体的特点，尤其对于身体功能退化的老年人，应当了解他们的病理特点，以及由此对其和照顾者的影响。社会工作者应该帮助照顾者明白被照顾者因为身体的衰弱而产生的不安情绪，而且更重要的是帮助老年人舒缓情绪，并改善照顾者和被照顾者之间的沟通关系及方法。对于护理照顾老年人的照顾者来讲，他们在长期护理照料中会承受来自生理、心理和社会等方面的极大压力。工作者一般可以通过及时介入、同理心的运用、扩大居家照顾者的支援网络、教导及重整照顾者与其家人的沟通、鼓励家庭照顾者培养个人兴趣这5个方面来减轻他们所承受的压力。老年人日间照料中心除了能够为失能老年人提供日常照顾、日间托养、康复治疗服务外，也可以为其照顾者提供喘息服务。

（三）实训作业

（1）在该案例中，谁是案主？
（2）从上述案例中，反映出老年社区工作有哪些内容？
（3）如果你是小张的督导，可以做些什么帮助小张解决所面临的困扰？

【提示】

（1）我们可以通过收集核心人物的服务需求，根据问题的性质和严重性，先确定主要案主，再把其他可能涉及的与案主有关的个体归纳到不同的生态系统，形成一个完整的生态系统环境。因此，上述案例以王叔家庭的个案管理为主要工作方法，以协助增强陈姨的社区照顾网络为服务策略，回应服务对象的服务需求。

案主的环境系统包括家庭系统、邻里系统、机构系统等。与此同时，每个系统中都有与案主家庭相关联的个体：继子、社会工作者等。根据分析各个系统中个体与案主家庭的关系，收集相关信息，为服务对象构建起一个完整的生态系统体系，这样可以帮助案主清晰地分析其处境，对案主问题进行轻重缓急的排序，理清案主和工作者的思路，共同制定目标和实施方案。

（2）老年社区工作中，社区照顾包括社区机构照顾、家庭照顾、居家照顾和日托照顾。家庭照顾是以非正式资源为主的照顾方式，其中非正式资源包括家人、亲戚、朋友、邻居和志愿者等。接受家庭照顾的老年人一般居住在家中，家庭成员是老年人的主要照顾者。

居家照顾包括5个大类的服务内容：①社区老年人的紧急援助服务；②社区老年人的生活照料服务；③社区老年人的医疗卫生保健服务；④社区老年的文化娱乐服务；⑤社区老年人的权益保护服务。

在此案例中，老年人的生活照料服务、老年人的医疗卫生保健服务的需要较为突出。

日托中心是指为老年人在白天能与其他老年人接触并获得照顾，使其子女可以安心工作的社会服务机构。日托中心提供的服务有午餐供应、个人生活照顾、物理治疗和康复保健等内容。短期护理服务中心协助被照顾的老年人或老年人的照顾者，其目的是让照顾者有机会处理其个人的事务，或获得短时期的休息，使照顾者的身心压力得到一定程度的缓解。

在上述案例中，社会工作者还应注重发展老年人社区支持网络，通过个人网络、志愿者联系网络、互助网络、邻舍协助网络、社区授权网络这5种策略扩大老年人的社区支持网络。

（3）造成小张困扰的原因主要是他开展社会服务的经验不足，对于老年人群体特点以及老年人日间照料中心的功能并未了解，因此，作为督导，应该帮助小张克服面临的困难。

①应该让小张了解老年人的生理、心理的特点，接纳老年人随着年龄增长而产生的生理机能退化；了解老年人常见的疾病，如糖尿病、高血压、中风等的病症以及由此带来的功能缺失；了解老年人因疾病带来的不安感的情绪。

②帮助小张分析案例，问题的核心，根据问题的性质和严重性，理清个案服务目标，并通过生态系统理论，找到围绕案主的关联人物及支持网络，按照轻重缓急的顺序，逐步去协助案主解决问题。

③帮助小张了解老年人日间照料中心的功能，日间照料中心除了承接一部分老年人活动中心，开展康娱类活动之外，为失能、半失能老年人提供日间托养服务是日照中心的主要功能；应充分整合资源、如日照中心护理员、医院（社康中心）的医护资源，为老年人提供康复服务。

④关注老年人照顾者的问题和需要。案例中的王叔作为主要照顾者，也存在身心压力。社会工作者可以为其提供喘息服务，提供康复照顾的方法技能的咨询和培训，以及情绪支持等服务。

⑤帮助小张分析：案例中的王叔和陈姨的社会支持网络较为简单，可以扩展其社会支持网络，如邻居、物业公司、居委会、日间照料中心等，令案主及其照料者得到更多资源的支持。

四、巩固提高

（1）老年人社区照顾的中国传统起源。
（2）老年人社区照顾的现代发展。
（3）老年人社区照顾的类型：社区机构照顾、家庭照顾、居家照顾、日托照顾。
（4）老年人社区照顾的国内外现状。
（5）社区居家养老服务体系的产生与发展。
（6）老年人社区照顾支持网络体系。
（7）提高老年人社区志愿网络的工作技巧。
（8）"告别孤寂"案例分析。

第五章　老年人机构照顾

一、基础知识

近年来，中国社会经济得到快速发展，家庭结构发生根本性改变，社会的老龄化程度不断加深，老龄人口基数日益增大，养老问题已经成为政府关注、百姓关切的社会热点。养老服务不仅关乎每一位老年人的切身利益，也关乎老年人群体的权益保障，还关乎整个国家的责任和义务。

基于这样的背景，机构照顾是社会化养老服务体系建设中的重要组成部分，承担着为有需要的老年人提供基础性生活照料、医疗康复、社会参与等服务的重要任务。随着人口老龄化进一步加剧，高龄、失能老年人占比呈上升趋势，对机构照顾的需求将快速增长，发展机构照顾的任务将更加繁重。

（一）机构照顾的概念、分类和比较

机构照顾的概念从老年人的需求和服务提供角度出发，综合机构照顾的功能定位、养老场域以及服务对象进行综合界定，是指在老年福利服务制度下，对生理、心理和精神上有障碍的，或居家养老有困难的老年人通过集中照料的方式，由专业人员提供生活照料、健康管理、康复护理、精神慰藉、文体娱乐等养老服务的照顾方式。

机构照顾是一种社会化的养老方式。从养老服务提供者的视角来看，养老模式可分为家庭养老和社会化养老两种。老龄社会的快速发展、家庭结构的变化、社会分工不断完善促使养老照顾功能向社会转移，成为以社会保障制度为基础，全社会共同参与，由多元供给主体提供的社会化养老服务方式。

机构照顾是一种集中养老的方式。其将有共同需求老年人接纳、聚集在一起，提供集中居住和照料服务。其一，老年人的居住场所发生变化，不再是个人习以为常的居住场所，由个人居住或与家人同住变成单间公寓式或者老年人宿舍式的居住场所；其二，老年人的生活环境发生变化，不再是个人熟悉的社区、邻里、社交、娱乐场所，而是与有着共

同养老需求的老年人群体一起生活在一个相对封闭的生活照料机构。

机构照顾需要养老机构来有组织地提供，以确保机构照顾的规范化、专业化，其基本形式有老年公寓、护理院、社会福利院（中心）、养老院、康复医院，以及专门的老年人社区等。它可以是独立的法人机构，也可以是附属于医疗机构、企事业单位、社会团体或组织、综合性社会福利机构的一个部门或者分支机构。

机构照顾服务的类型很大程度上取决于养老机构的性质与功能定位，因此，这里所说的机构照顾服务的性能定位，主要是指养老机构的性质与功能。不同的分类标准、功能定位，对应的养老机构也不同，也决定了其养老服务的差异性。

根据机构照顾服务和投资主体不同，可以简单将其分为三类：公办养老机构、民办养老机构、公私合营养老机构。

（1）公办养老机构主要由政府出资举办，享有财政资金补贴。

（2）民办养老机构主要由非政府组织、公民（统称为社会力量）投资举办、经民政部门或市场监督管理部门依法登记设立，具有独立的法人资格，进行非营利性社会公益活动或提供经营性服务的养老机构。

（3）公私合营的养老机构依据其具体运营模式的不同还可进一步为以下4种模式。

①公建民办模式（P4S），即指政府划拨土地和适老环境建设、建设房产，支付照护费、支付生活费，共计4类出资，居民医疗保险和护理保险可以支付部分医护费用。如果社会企业介入，可以探索管理合同（MC），即指政府将存量公共资产的运营、维护及用户服务职责授权给社会资本或项目公司的运作方式。为了降低运营成本，应当鼓励社会工作者参与服务，从本地户籍人口开始建立养老服务义工的"时间银行"，协助政府照顾"三无"老年人（无劳动能力、无经济来源、无供养人）。

②公建民非模式（P3SI1），即指政府划拨土地和适老环境建设、建设房产、支付照护费，共计3类出资，居民医疗保险和护理保险可以支付部分医护费用；个人支付生活费，共计1类出资。如果社会企业介入，也可以探索管理合同（MC），即指政府将存量公共资产的运营、维护及用户服务职责授权给社会资本或项目公司的运作方式。允许社会企业略有结余，用于企业发展。同样，鼓励社会工作者参与服务，从本地户籍人口开始建立养老服务义工的"时间银行"。

③公建民营模式（P2SI2），即指政府划拨土地和适老环境建设、建设房产，共计2类出资，居民医疗保险和护理保险可以支付部分医护费用；个人支付生活费用和服务费用，共计2类出资。另外，还可以尝试由政府划拨土地，商业企业进行房产和设施的建设，直接运营或者委托另外的商业企业经营，若干年后根据协议约定归还土地或者地租的BOT模式。

④共建微利模式（P1CI3），即指政府划拨土地和建设环境、与商业机构共建房屋设置，政府共计1.5类出资；个人支付房租、服务费、生活费，共计3类出资，由社会保险和商业保险支付部分医护费用。

根据养老服务的功能定位，养老机构可分为综合型养老机构与专向型养老机构。

综合型养老机构是指在老年人服务对象上不区别年龄、身体健康、自理能力等状况，可针对不同特征、不同需求的老年人提供养老服务，为自理老年人、介助老年人、介护老年人安度晚年而设置起居生活、文化娱乐、康复训练、医疗保健等多项服务设施，如福利院、养老院、老年公寓等。

专向型养老机构是指其服务对象有一定针对性，针对某一特征明显的老年人提供专门的养老服务。护老院是专为接纳介助老年人（生活行为依赖扶手、拐杖、轮椅和升降设施等帮助的老年人）安度晚年而设置的社会养老服务机构，设有生活起居、文化娱乐、康复训练、医疗保障等多项服务设施；护养院是专为接收生活完全不能自理的介护老年人安享晚年的社会养老服务机构，设有起居生活、文化娱乐、康复训练、医疗保健等多项服务设施；护理院是由医护人员组成，在一定范围内为长期卧床老年患者、残疾人、临终患者、绝症晚期和其他需要医疗护理的老年患者提供基础护理、专科护理，根据医嘱进行支持治疗、姑息治疗、安宁护理、消毒隔离技术指导、社区老年保健、营养指导、心理咨询、卫生宣教和其他老年医疗护理服务的医疗机构。

（二）影响老年人机构生活质量的因素

入住养老机构的老年人是一个特殊群体。老年人在养老机构中的居住环境和人际关系与一般居家老年人不同，并且普遍存在高龄化、自理能力差、患有慢性疾病、有认知障碍等情况，对其生活质量进行内涵评价时应突出其固有特质。李卓航认为养老机构的老年人生活质量的内涵应包含物质生活、精神文化生活、身心健康、生活环境等方面；牟焕玉等在对养老机构老年人生活质量的质性研究中，将养老机构老年人对生活质量的理解概括为身体健康、饮食满意、安全感、环境舒适、自主性、人际交往、娱乐活动和情绪健康8个方面。吴吉惠等从心理学视角将养老机构老年人生活质量评价指标分为生活条件、生活满意度和老年人生活价值观3个方面。本书将以生态系统理论为视角，从个人方面、家庭方面、机构环境以及社会环境4个方面对老年人机构生活质量进行分析。

1. 个人方面

老年人的生活质量与幸福感与个人价值观、经济收入、身体条件息息相关。

（1）个人价值观。价值观是社会价值观念体系的一个重要组成部分，是人们在生存、发展过程中选择和判断什么样的生活最有意义，什么样的生活态度最积极，什么样的生活方式最令人满意等基本而重要问题的观念系统。老年人的个人价值观也影响着其对生活质量的评价。个人价值观影响老年人对事物的认知与理解不仅决定了老年人如何理解生命的意义、如何看待家庭与社会角色的变化，也决定了老年人在面临身体机能退化、病痛、丧亲、纷争等危机时的处理方式，决定了老年人的自我心理调适能力。由于个人的经历、受教育的程度、个性、家庭和社会支持等各方面情况的区别，每个老年人对于相同的生活条件会有不同的评价结果。

（2）经济收入。经济收入包括家庭给予、个人收入、国家补助、社会援助等方面。经济状况是反映老年人生活水平和生活质量的主要指标。老年人的经济问题是老年人生活质量的核心问题，可以说，老年人的医疗保障、照料护理、文化娱乐等一系列问题都与经济因素分不开。冯晓黎等对长春市813名不同群体老年人的调查结果显示，有工资收入者的生活满意度高于无工资收入者，而且生活满意度随着经济收入的增加而提高。与此同时，入住养老机构的老年群体也要定期支付养老服务费用，经济因素更是对生活满意度起到举足轻重的作用。

（3）身体条件。国内外很多研究表明，影响老年人生活质量的首要因素是身体健康状况。入住养老机构的老年人年龄均较大，生理功能有不同程度的下降，并且大部分老年人都患有慢性疾病，这些因素影响着老年人对生活质量的评价。李慧等在对沈阳市154名居住在养老院中的老年人的生活质量现状调查中发现，多数老年人身体偶尔或经常有病痛感。徐波等在对居住在南京市各养老机构中的665名老年人的生活质量的影响因素调查研究中也指出，患慢性病老年人的得分明显低于未患慢性病老年人。因此，老年人的身体健康状况是评价其生活质量的重要指标。

2. 家庭方面

家庭关系与支持包括老年人与其配偶、子女的关系情况。根据马斯洛需要层次理论，老年人也有社会交往的需要，特别是入住养老机构的老年人多数是由于子女忙于工作，他们与子女缺乏情感上的互动和交流。良好的家庭关系和社会支持有助于提高老年人的主观幸福感，进而提升其生活质量。

3. 机构环境

（1）医疗照顾。国内外很多研究表明，影响老年人生活质量的首要因素是身体健康状况。慢性病是降低老年人生活质量的重要因素之一。患有慢性病的老年人的健康状况通常随着病情的加重、疾病的迁延及病种的增多而逐渐变差，而且慢性病也是老年人致残的重要因素之一。慢性病的久治不愈和反复多次的急性发作均可导致老年人心理状况衰退，对生活的满意度下降，最终导致其生活质量下降。因此，养老机构应该做好预防和控制老年人慢性病的发展等工作。与此同时，还要建立养老院与社区医院的联合机制，除定期对养老院老年人进行体检外，对于老年人常见慢性病也要进行早期干预、早防早治，最大限度地减少慢性病对老年人造成的致残率，使老年人保持良好的独立生活能力，从而保证老年人有较高的生活质量。

（2）生活照顾。老年人由于健康情况和自理能力，在生活照顾中的需求也不尽相同，但在机构照顾服务中，大多数老年人由于身体机能衰退，生活能力下降，在起居、饮食、清洁卫生、睡眠、出行等方面需要获得不同程度的协助和照顾，满足最基本的生存需要，是机构照顾中最重要也是最基础的服务内容。

（3）适老环境。由于身体条件的变化，生活环境与设施是否符合老年人的特点关系到老年人的安全、健康以及舒适度。其中包含无障碍设施、防跌倒设施、消防安全设施、紧急呼救设施、清楚明晰的标牌标识、便利的交通、干净的居住环境、良好的空气环境、无噪声环境等。

（4）娱乐设施与服务。在物质需求达到满足之后，老年人群会逐渐转向追求精神文化生活。就居住在养老机构的老年人而言，平时的空闲时间较多，因此是否有丰富的娱乐活动、休闲活动等都会影响他们的生活质量。

（5）工作人员素质。机构工作人员作为机构照顾老年人最直接、最密切的服务提供者，他们的专业能力、态度与技巧对老年人的居住感受与自我评价有着直接影响。因此，机构工作人员除了需要有扎实专业服务技能外,还需掌握有关老年人的基本心理知识与沟通技巧,建立老年人与工作人员之间积极的关系,保证老年人的自尊感,提升生活满意度。

（6）服务理念与照顾模式。不同的养老机构会根据自己的机构定位和机构条件形成不同的服务理念和模式,有的以老年人的健康与安全为目标,而有的则更注重老年人的社会和心理需求。"仓库模式"以延长老年人生命为目的,为老年人提供安全、舒适的生活环境、健康的饮食、健全的医疗服务。比如,"花圃模式"以启发老年人的动力以及激活老年人未体现出的能力为目的;"医疗模式"注重老年人的生活规律,以处理老年人"不足"的问题为重点;"社会工作模式"注重老年人在养老机构中保持自我身份,更加自主以及自我选择。

在不同的服务理念下,机构管理与服务设置也会有所区别,因此,老年人选择与自身需求更契合的机构照顾更容易获得较高的生活满意度。

4. 社会支持

（1）社会政策。国家有关老年人优惠与补贴政策有助于老年人获得更多的经济收益,提升生活水平;医疗保障相关政策直接影响老年人疾病治疗与健康维护;有关养老服务规划、机构养老服务标准等政策影响老年人获得服务的内容与质量。

（2）社会环境。社会角色与地位发生的变化,容易让老年人产生社会隔离感,影响老年人对自我的评价和对社会的评价。社会对老年人的理解,对老年人生存情况的关注以及对老年人积极正面的评价都有助于老年人获得社会归属感与认同感,可以促进老年人社会参与,提升自信心与自尊感,满足自我实现的需求。

（3）人际关系。人际关系是人们通过人际交往与人际沟通的共同获得所形成的心理关系。在养老机构中,老年人获得的家庭情感交流与支持减少,与其他人交流的需求增强,人际关系以家庭为中心转移为以机构为中心。拥有良好的人际关系有助于满足老年人的心理需求和消除孤独感,有利于老年人的身心健康。

（三）机构照顾中的社会工作者介入

1. 机构照顾中社会工作者的目标

（1）协助老年人了解和使用机构照顾设施与服务,适应机构生活。

（2）促进老年人、机构、家庭三方之间的沟通,增强老年人的支持网络。

（3）识别老年人的各种需求,协调与拓展各类资源,提升机构照顾的服务品质。

2. 机构照顾中社会工作者的角色

（1）咨询者。为老年人及其家属提供机构照顾相关政策与信息的咨询,帮助老年人及其家属更全面地了解入住条件、照顾服务、入住程序等信息,以便于他们根据自身情况进行各种准备。

（2）评估者。老年人申请机构照顾服务之后,社会工作者和医务人员通常会收集老年人家庭情况、身体情况、精神状况、自我照顾能力、生活习惯、特长与能力等信息,进行综合性评估,确定老年人是否符合入住标准,以及在入住机构之后制定个别化的照顾服务计划。在日常服务中，社会工作者也需要动态掌握老年人的情况，评估老年人的需求，及时调整服务内容。

（3）教育者。社会工作者一方面需要为志愿者、家属普及老年人的心理特点、沟通技巧、尊老文化等知识；另一方面还需要为老年人提供心理健康、安全卫生、人际关系、良好生活习惯等知识的教育和学习。

（4）服务提供者。社会工作者运用个案、小组、社区工作三大方法，再结合专业理论与技巧，帮助处在困境中的老年人解决各种困难。

（5）协调者。社会工作者在机构照顾中，需掌握各类服务设施与资源，在服务过程中跟进老年人的需求，协助各方沟通联络，协调各类服务与资源，为老年人提供更全面的服务系统。

（6）倡导者。作为一线工作者，社会工作者与老年人的互动十分密切，对老年人的需求、面临的困难掌握较为全面。因此，社会工作者需要深入观察与研究，对机构的服务与管理提出建议。除此之外，社会工作者还应通过多样化的方式积极引导社会大众共同营造爱老、敬老的社会文化，改善老年人的社会生存环境。

3. 机构照顾中社会工作者的具体服务

为提升老年人的生活质量，发挥社会工作者的专业角色，社会工作者在老年人机构照顾中的介入分为针对老年人的直接服务和针对老年人周边环境的（如老年人家属、机构工作人员和志愿者）间接服务。

（1）针对机构照顾中老年人的直接服务。

①环境适应。老年在入住养老机构时会对环境变化产生不安全感、离开家庭和家人产生失落和抵触的情绪。老年人居住环境、生活习惯、人际交往、家庭互动均发生改变，老年人需要调整生活方式和情绪，社会工作者可通过新入住适应计划，从环境适应、服务适应、建立新的人际关系3个方面开展服务，尽快与老年人建立关系，获得老年人的信任，减轻老年人的焦虑情绪。

一是通过地图绘制或漫步的形式帮助老年人熟悉居住环境以及设施；二是协助老年人了解养老机构各部门职责分工以及相关负责人，熟悉服务内容以及相关规定，并在生活习惯方面做出相应的调整。例如了解餐厅开放时间、订餐、取餐流程，定期活动安排，活动室开放时间，电器使用规范，禁烟区等。三是帮助老年人熟悉直接服务的工作人员，认识室友、邻居、机构中较为热心的老年人，因为建立新的人际关系可以消除老年人的陌生感。除此之外，社会工作者还应密切和老年人家属联系，反馈老年人在机构中的情况，以便及时获得支持。

②健康维护。社会工作者一方面可以与其他工作人员一起制定个性化照顾方案；另一方面还可通过学习、宣传健康知识等方式，在安全用药、健康锻炼、良好生活习惯等方面帮助老年人建立健康意识和良好生活习惯。

③心理慰藉。识别老年人的认知和情绪问题，必要时协调专业人士进行认知和情绪问题的评估或诊断；为有需要的老年人提供心理辅导、情绪疏解、认知调节，帮助老年人摆脱抑郁、焦虑、孤独感等心理问题困扰；协助老年人获得家属及亲友的尊重、关怀和理

解；帮助老年人适应角色转变，重新界定生活价值，认识人生意义，鼓励其重拾生活的信心。

④人际关系。老年人的人际关系主要表现为与室友的关系、与机构中其他老年人的关系、与工作人员的关系三个方面。人际关系是老年人最基础的社会支持网络，但也最容易发生人际冲突。社会工作者可以通过团体活动促进老年人的互动与了解，倡导友好互助的伙伴关系。

⑤社会参与。开展适合老年人的文化、体育、娱乐等各项活动，培养老年人兴趣团体，提升老年人的社会活跃度，丰富老年人的社会生活；组织老年人积极参与各项志愿服务，培养老年志愿者队伍，发展老年志愿服务团体；支持老年人为机构的发展出谋划策；拓展老年人的社会参与的渠道，促进老年人群体的社会融合。

⑥危机干预。识别并评估老年人所面临的危机，包括危机的来源、危害程度、老年人应对危机的能力、以往应对方式及效果等；统筹制定危机干预计划，包括需要干预的问题或行为、可采用的策略、可获得的社会支持、危机介入小组的建立及分工、应急演练、信息沟通等；及时处理最紧急的情况，特别是自杀、伤及他人等可能危及生命安全的行为问题。必要时，协调其他专业力量的支援，对老年人进行身体约束或其他限制行为；进行危机干预的善后工作，包括对介入对象的回访、开展危机介入工作评估和小结、完善应急预案以预防同类危机的再发生等。

⑦老年临终关怀。开展生命教育，帮助老年人树立理性的生死观；协调医护人员做好临终期老年人的生活照料和痛症管理；密切关注老年人的情绪变化，提供相应的心理支持；协助老年人完成未了心愿及订立遗嘱、器官捐献等法律事务；协助老年人及其家属和解与告别等事宜；为老年人提供精神层面的支持；为有需要的老年人及其家属提供哀伤辅导服务。

（2）针对机构照顾中老年人的间接服务。

①老年人家属。虽然老年人入住了养老机构，其家属在日常生活方面的护理照顾压力得到了缓解，但这并不意味着可以完全卸除自己的责任。由于入住机构后，老年人的社会交往范围进一步缩小，更加缺少社会的支持，会产生一些负面情绪，如果任其蔓延，就有可能使老年人产生心理疾病，感到生命已经失去了意义。因此针对老年人家属开展的工作其实也是老年社会工作的一部分。社会工作者可通过家庭工作坊、小组工作方法，帮助家属了解老年人老年期的各种生理心理特征，以利于更好地为老年人提供精神照顾。在老年人精神支持方面，即使最好的养老机构也不能够替代家庭成员的作用。另外，由于受传统观念的影响，一些家属认为将老年人送到养老机构照顾是非常不孝的，从而产生了焦虑和负罪感。对此，社会工作者要帮助他们消除这种感受，让他们认识到高龄老年人接受专业化机构照顾的必要性，还要强调入住机构后，家属的探望和支持对于老年人的重要性，并积极发挥家庭成员的作用，提高老年人的生活质量。

②机构工作人员。养老机构是为老年人提供服务的场所，工作人员是养老机构的人力资本。因此，社会工作者要特别注意关心、爱护和重视每一位工作人员，并带领大家努力营造"人人为我，我为人人"的平等、和谐的工作和生活环境，使工作人员感到自己在这个团队中的价值所在。另外，在机构中工作的具体照顾者由于长期照顾体弱和易发脾气的老年人，可能会出现"工作麻木"现象。为此，社会工作者需要重视让工作人员保持健康

轻松的心态，给予他们情绪支持。及时解决工作人员的心理问题是优质服务的保障。对于工作人员的个人问题、家庭问题或工作压力问题，社会工作者也需要给予辅导和支援。除此之外，社会工作者还要为工作人员提供训练和辅导，创造人人学习、各尽其才、公平和谐的环境，使每位工作人员都能发挥各自的优势，给予他们自我发展的平台和空间，满足他们自我实现的愿望。

③社会资源。养老机构中的社会工作者可以主动在社区中寻找机构所需要的社区服务，或统筹社区人员提供给机构的服务，如组织机构老年人参与社区举办的比赛、出席社区的文娱活动等。通过养老机构的"点"带动社会的"面"，使全社会更重视老年人的问题，并对养老机构的生存现状给予充分理解和支持。另外，社会工作者还可以通过招募、训练、运用、支持志愿者服务来为机构内的老年人提供各项服务，如训练和安排志愿者与机构相关工作人员合作，共同陪伴老年人、为他们理发等，形成人人尊老助老的社会风气。而且还要在社区服务资源拓展的同时，对资源进行有效整合，协调社区其他组织与机构为老年人提供服务，如运用老年精神科专家的外诊服务提供诊断与治疗。除此之外，社会工作者还可以通过自己掌握的老年人的社会心理需求知识参与制定机构的各项规章制度，而且还可以根据经济社会等外在环境的变化和机构内部的变化，不断进行补充和完善。这样才可以促进机构的成长与发展。

4. 机构照顾中，社会工作者的自我准备

（1）了解并掌握机构照顾的政策、制度与资源。作为机构照顾中的社会工作者，只有掌握政策与制度才能帮助老年人沟通和协调各类服务，帮助老年人得到更好的照顾。

（2）对自我价值观的审视。如何理解老年人、如何看待老化、是否接纳老年人的各类需求，可能会影响社会工作者对待老年人的态度。

（3）掌握特定需要介入的能力。在服务中，社会工作者可能会面临处理危机干预、临终关怀、丧亲辅导等特殊紧迫的工作挑战，容易产生压力。社会工作者应掌握这些特定需要介入的能力，发挥专业功能，积极应对。

（4）自我情绪调适与避免心理耗竭。社会工作者会面临老年人存在的许多问题，如疾病、伤残、死亡等，不由自主地会联想到自己的晚年，从而对处理这些问题感到焦虑、沉重。而个人以往与老年人打交道的经历，特别是跟家中老年人的交往也可能会导致对老年服务对象出现特殊的感情，出现反移情。这可能会表现为对老年人特别不好，缺乏耐心和关怀，也可能表现为对老年人过度保护，想"拯救"老年人。此外，长期做有些服务对象的工作，可能会让人感到倦怠，觉得自己的工作没有价值。因此，社会工作者应当敏锐地体察自己的情绪状态，及早发现异常并采取减压措施。

二、案例示范

（一）案例描述

75岁的赵奶奶与79岁的丈夫一起生活在某养老机构中。她的丈夫由于偏瘫，语言能力受损，虽然有工作人员护理，但赵奶奶仍然承担对丈夫的部分生活照顾。近日，赵奶奶

被查出癌症晚期，家属决定放弃治疗，赵奶奶被送回养老机构。

（二）案例评析

针对赵奶奶的情况，社会工作者与医护团队组成服务小组，制定安宁疗护服务计划。

1. 治疗

配合医疗团队观察了解赵奶奶的日常需求并进行反馈，比如疼痛感、药物反应、治疗需求与愿望等，促进赵奶奶与医护团队的沟通，避免其产生抛弃感，最大限度地提升其的舒适度。

2. 护理

护理人员需记录赵奶奶进食、饮水、排泄、翻身等细节供医护团队进行治疗方案调整做参考。社会工作者需观察护理服务是否符合赵奶奶的需求，例如翻身次数、排泄方式等，注意保护老年人的隐私与自尊。由于赵奶奶卧床，护理人员在照顾过程中承担的工作量和心理压力增加，社会工作者需关注护理人员的情绪，可与其讨论护理中的困难和未来计划，并及时给予帮助和支持，还可表达对其工作意义的肯定，增强护理人员对赵奶奶的理解和自我价值感。

3. 情绪

评估赵奶奶的情绪状态，通过生命回顾陪伴其处理离别情绪，了解其生活经历并帮助其完成未了的心愿。由于赵奶奶在生病前一直照顾偏瘫的丈夫，心中对他之后的生活比较担忧，社会工作者也可与其讨论，帮其安排丈夫日后的生活照顾方案。

4. 支持网络

为减少赵奶奶的孤独感，帮助其在人生的最后阶段感受温暖，建立支持网络就显得非常重要。一方面肯定亲属陪伴的重要性，讨论制定机构制度下可行的探望、陪伴方案，争取家庭独处时间；另一方面可邀请赵奶奶在机构中的好友进行探望，但需要注意评估和处理其他老年人可能产生的情绪和心理压力。

5. 亲属哀伤辅导

除处理家属的丧失感外，还需关注家属决定放弃治疗可能产生的内疚、自责的情绪，赵奶奶的丈夫可能因为失去老伴的照顾而产生焦虑的情绪。因此，社会工作者不仅需要协助亲属办理赵奶奶离世后退出机构的手续，帮助联络后事处理的相关资源；还需要安抚家属的情绪，理解家属对赵奶奶离开的不舍，肯定其在最后阶段的陪伴以及道别对于赵奶奶的意义；最后，再协调安排赵奶奶丈夫的照顾计划，保证其日常生活尽快恢复。

三、实训任务

作为知名养老服务机构，日常接待的前来参加志愿服务的个人和团队非常多，尤其在特殊节日出现志愿活动扎堆的情况，应该如何进行志愿服务管理？

四、巩固提高

1. 知识回顾

（1）机构照顾的含义、分类及比较。

（2）影响老年人机构生活质量的因素。

（3）机构照顾中的社会工作者介入。

2. 任务实训

李奶奶最近总是投诉工作人员小陈偷了自己的东西，包括现金、食物、衣物，养老机构十分重视并和小陈面谈，也调取了监控录像，但并未发现小陈有偷盗行为，可是李奶奶坚称小陈偷盗，并在公共场所对恶言相向。小陈感到十分委屈。经过诊断，李奶奶患上了脑退化症，作为社会工作者，应该如何进行介入处理？

第六章 老年社会工作实务方法

【知识目标】

◇ 了解老年个案工作、个案管理、小组工作、社区工作的概念和内容。
◇ 了解老年个案工作、个案管理、小组工作、社区工作的常见模式。
◇ 掌握老年个案工作、个案管理、小组工作、社区工作的基本程序。

【能力目标】

◇ 能遵循个案工作的程序和技巧要求，处理基础的老年个案问题。
◇ 能遵循小组工作的程序和技巧要求，设计和开展5种类型的老年小组。
◇ 能根据老年群体的实际问题和需求，有针对性地开展老年社区服务。

【素质目标】

◇ 培养用发展的视角、能力视角和优势视角看待老年人，内化以老年人为中心的服务理念。
◇ 克服自身的局限性，尊重老年人，优先考虑老年人的利益，发展自我，做到服务公正。
◇ 树立老年人的"全人观"，避免从医学等单方面视角评估老年人，学会整合资源与团队，为提升老年人的幸福感而努力。

一、基础知识

（一）老年个案工作

小成是某社区的社会工作者，有一天她了解到，平时经常来社区参与志愿服务工作的王奶奶，由于老伴突然离世而非常难过。王奶奶的孩子都在国外，多年来她一直和老伴相依为命，因此老伴离世对她的打击非常大。

请思考：

1. 如果你是小成，会怎样跟进这个个案？需要遵循什么原则？
2. 具体的工作步骤应该是如何的？有什么注意事项？

1. 老年个案工作的定义

老年个案工作就是指社会工作者在专业价值观的指导下，运用专业的知识和技巧为老年人及其家庭提供资源或情感方面帮助和支持，以使当事人减轻压力、解决问题和达到良好的福利状态的服务活动。

2. 老年个案工作的基本原则

（1）尊重。尊重包括尊重老年人的价值观，尊重老年人的选择，承认老年人对社会的价值，坚信通过专业服务，可以帮助老年人改善、提升生活质量。

（2）接纳。在老年人个案工作过程中，鉴于老年人独特的生理、心理及社会性特点，要求社会工作者能够坚定助老信心，保持足够的耐心，积极倾听，主动开展服务。

（3）自我决定。对于具备自我决定能力的老年人，要尽可能通过专业服务使其自我决定的权力得以体现。

（4）个别化。工作人员应当尊重老年人的个体差异，不应当使用一般或统一的服务方法回应他们的独特需要，要充分考虑服务对象在性别、职业、社会地位、宗教信仰以及其与社会主流价值观之间可能存在的冲突。

（5）保密。在为老年人服务的过程中，特别是涉及老年人个人隐私的内容，除了例外情境（涉及生命安全问题、法律规定情境等），要注意做好保密工作，以免给社会工作者和老年人之间的专业关系造成负面影响。

3. 老年个案工作介入的内容

（1）协助老年人认识及接受老年。

（2）帮助老年人重新整合过去生活的意义，从而使其产生人生完美的积极的、正面的感受。

（3）改善老年人与家人的关系和相处问题。

（4）支持老年人积极参与社区活动，使其晚年生活更加充实。

（5）为老年人组织与争取权益以及寻找各种社会资源。

（6）帮助老年人建立科学、健康的晚年生活方式和心理准备，积极地应对人生晚年期各种"生活事件"（如丧偶、重病、空巢家庭等）。

（7）辅导老年人正确认识死亡并接受死亡，缓解其愤怒和恐惧等消极情绪。

4. 老年个案工作的常用模式

（1）心理社会模式。

心理社会模式注重人的生理、心理与社会互动的关系，强调人与环境的协调以及个体内在的平衡和满足。心理社会模式强调生物因素、心理、情感因素以及外部社会和物理环境相互作用对人的问题产生的影响。它的研究路径为个人、家庭以及他们所处的环境之间相互影响形成"人在情境中"的场域，从互动场域中探寻问题产生的根源。社会工作者可通过增强当事人能力、找寻当事人优势、集合社会的资源，促使人与社会进行良好互动。其工作流程一般有五个步骤，即准备会谈、会谈、问题评估、介入服务与结案。

心理社会模式是一种比较成熟的模式。它不断吸收其他学科的理论和见解，丰富和发展着自身的体系，其开放性吸引着众多的追随者。心理社会模式的方法和技巧几乎涉及社会工作的各个层面。它对工作人员、当事人或是其他相关人员都有相应的方法指导，尤其注重对当事人的关心和尊重。心理社会模式的缺点在于其注重心理的改变和与环境互动的优化，这种模式所花费的时间较长，进度较慢，对当事人的沟通能力和反思能力要求也较高，因此对精神病患者或者危机中的当事人难以发挥作用。

（2）理性情绪治疗模式。

理性情绪治疗模式是由美国心理学家阿尔伯特·艾利斯以自己多年的临床经验为基础提出的。理性治疗的方式着眼于服务对象的非理性信念，通过辩驳纠正非理性信念，建立科学的理性信念系统，重构人生观。理性治疗方式的主要技巧如下：第一，发现非理性信念。先找到服务对象的困扰情绪以及背后的信念，再找到其中的非理性信念。第二，辩驳非理性信念。围绕服务对象的非理性信念，社会工作者通过多次讨论，帮助服务对象澄清错误认识，否定非理性信念。第三，理性功课。所谓理性功课其实就是理性训练，通过每天对服务对象进行理性训练，帮助其修正非理性信念，建立科学的理性信念系统。

理性情绪治疗模式可以通过理性功课的形式由服务对象独立完成，这种治疗模式可以通过服务对象的自我努力批驳非理性信念，建立理性信念，所以非常适合服务对象进行自我治疗。理性情绪治疗模式理论主要的不足在于其强调改变不合理的信念，对于一些智力较弱、认知水平较低的当事人作用有限。

（3）危机干预模式。

卡普兰将危机干预定义为给处于危机中的个体提供有效帮助和心理支持的一种技术，通过调动他们自身的潜能来重新建立或恢复到其危机前的心理平衡状态，掌握新的技能，使之最终战胜危机，重新适应生活。

第一，理论假设。

①对个人而言，面对突然压力情境和危机事件时所经历的情感失衡、社会失序、认知失调及生理症状，都是不平常的。

②严重情境的苦恼，是一种生活经验，也属于在稳定情绪、认知身体状况下的一种沮丧情绪。

③特殊的生活事件将会造成破坏。

④在失衡状态期间，人会主动寻求生活的平衡与和谐，评估事件的意义，以及检视生活中可能运用以应对危机的个人与社会资源。

⑤当致力于情绪的再平衡时，个人常会处于心理易受伤害的紧张状态。

⑥当个人出现受伤状况时，会向外界寻求心理上的协助。

⑦危机反应的特征在整个阶段中（不论调适或适应不良）都会显现出来。

⑧危机和负向结果一样，都提供了成长与发展的机会。

第二，危机干预的原则。
①及时处理；②限定目标；③输入希望；④提供支持；⑤恢复自尊；⑥培养自主能力。

第三，危机干预的内容。
①建立新的应对机制，成为案主技能库的主要内容。
②完成对问题的感觉和体验，这样才能进行长期改变。
③动员资源，以获得支持。
④减少持续性、令人不愉快的情绪。
⑤思考事件及其后果，把它们结合案主的个人生活考虑。

5. 老年个案工作的基本程序

老年个案工作的基本流程包括申请与接案、资料搜集与诊断、确定目标与制定计划、服务与治疗、结案与评估五个步骤。各个阶段具体注意事项如下。

（1）申请与接案。

一般而言，在正式签署个案同意书前，服务对象一般都经过社会工作者的咨询服务。根据咨询对象的类型（表6.1），在正式接案前，对于不同来访者，处理问题的焦点与技巧都所有不同。

表6.1 不同来访者类型及处理技巧

来访者类型	特点	处理技巧
顾客	明白存在问题 有改变动机	与服务对象明确问题； 共识改变的方向与主体
诉客	明白存在问题 希望改变别人	情绪支持与疏导； 寻机转化服务对象的改变动机
访客	认为可能存在问题，正在试探阶段或者尚未发现问题	建立与服务对象的信任关系

从表6.1中可以看出，顾客为明确的个案对象，一般会主动申请服务；诉客和访客可能为潜在的个案对象。可见，在个案接案上，一般需要服务对象同意（签署个案同意书）、明确介入的问题等条件。

（2）资料搜集与诊断。

资料搜集主要是为了从生理、心理、社会功能、环境体系四个方面，了解服务对象的基本情况。值得注意的是，服务对象的资料信息，可能由于获取渠道不同而存在差异，多方面地搜集资料对客观准确分析服务对象的情况非常重要。

诊断，又称预估，指的是将资料综合分析，明确服务对象的问题以及问题的成因。此时，社会工作者需要注意的是，服务对象通常可能存在多个问题，关注的重点应该是对服务对象产生比较大影响的或者有动机改变的问题，并以此为焦点介入。

（3）确定目标与制定计划。

明确目标与制定计划为个案工作中非常重要的一个环节。很多时候，因为个案目标订立含糊不清或者计划不够具体，导致个案介入随意，直接影响个案服务成效。在撰写目标时，需要符合 SMART 原则，即目标必须是具体的（Specific）、可以衡量的（Measurable）、可以达到的（Attaitnable）、与其他目标具有相关性的（Relevant）并且具有一定的时间性（Time-bound）。

（4）服务与治疗。

服务与治疗阶段为服务计划的具体实践阶段。在此阶段，社会工作者需要注意两个重要问题：一是根据不同类型的对象，尊重个别化原则，选择的方式方法也需要调整。二是过度介入等伦理问题。很多时候，社会工作者往往因为急于解决问题，或者受主观价值观的驱使，过度给予服务对象建议，违反了职业伦理中服务对象自决的重要原则。

（5）结案与评估。

结案即为服务对象与社会工作者关于此案工作的结束。一般情况有完成服务计划，服务对象申请退出，服务实施限制（如服务区域、服务范畴限制等）。评估就是社会工作者总结工作经验，评估工作成效。有时，服务对象会主动提出服务情况好转可结束个案，此时社会工作者需要意识到情绪的波动性和问题的反复性可能对个案情况带来的影响，因此建议可评估一段时间，若服务对象情况稳定或者服务对象已经具备应对问题的能力则可结束个案。另外，结案时，社会工作者需留意服务对象可能因结案产生的影响，做好结案沟通工作，巩固服务成效。

6. 老年个案工作的工作技巧

（1）会谈技巧。

个案面谈技巧包括支持性技巧、引导性技巧和影响性技巧。

①支持性技巧。个案支持性技巧指社会工作者通过不同行动展现社会工作者向服务对象的支持回应，包含专注、鼓励、倾听和同理心四方面行动。

a. 专注指的是面谈过程我们要时刻关注服务对象的表达和情绪变化。

b. 鼓励指的是在面谈过程中，持续鼓励和激励服务对象去表达自己的情绪和想法。

c. 倾听是一个十分重要的部分，即充分地聆听服务对象的表达，实施的回应表达关注，让对方感受我们正在认真地了解。

d. 同理心即感同身受，对服务对象表达的情绪、感受和需求的换位思考，并通过回应让对方能够体会到社会工作者的理解。

②引导性技巧。个案引导性技巧是指社会工作者主动引导案主具体、深入地探索自己的经验、处境、问题、观念等技巧。目的是促进案主在相关主题上做较为具体、深入、有组织性的表达和探讨，增进社会工作者对服务对象的认识和了解，协助案主进行较为深入的自我探索，包含澄清、摘要、对焦。

a. 澄清指社会工作者引领服务对象对模糊不清的陈述做更详细、清楚的解说，使之成为更清楚、更具体的信息，也包括社会工作者解释自己所表达得不甚清楚的信息，如服务的目的、理念等，还包括对产生的误会进行必要的解释。

b. 对焦是指社会工作者将游离的话题、过大的谈论范围或同时出现的多个话题收窄，找出重心，并进行讨论。

c. 摘要指社会工作者把服务对象过长的谈话或不同部分所表达的内容进行整理、概括和归纳，并做简要、重点的摘述。

③影响性技巧。个案影响性技巧指的是社会工作者通过影响服务对象，使其从新的角度或层面理解问题或采取其他方法解决问题的技巧，提供信息建议，包含提供信息、自我披露、建议、忠告、对质。

其中比较重要的三个内容就是自我披露、忠告、对质。

a. 自我披露是指社会工作者选择性地向服务对象披露自己的亲身经验、处事方法和态度等，从而使案主能够借鉴他人的经验作为处理自己的问题的参考。建议根据案主的具体情况提供有利于其改善生活的建设性意见。避免使用"必须""一定"，尊重自决权。

b. 忠告是指社会工作者向服务对象指出案主行为的危害性或案主必须采取的行动。

c. 对质是指社会工作者发觉服务对象的行为、经验、情感等有不一致的情况时直接发问或提出异议。建议应建立在信任关系的基础上，同时需营造接纳、尊重、客观评价、真诚的情感环境。

（2）辅导技巧。

①怀旧。它是指让老年人回顾过往生活中最重要、最难忘的时刻，从回顾中让老年案主重新体验快乐、成就、尊严等多种有利身心健康的情绪，帮助老年人找回自尊和荣耀的一种工作手法。

②生命回顾。它是指通过生动地缅怀过去成功或失败的经历，让老年人重建完整自我的一种工作方法。生命回顾和怀旧不同的是，前者是对整个人生的回顾，而不只是回顾生命中最重要的事件和时刻。这种技巧的目的是通过老年案主的内省来重新体味人生的价值和意义。

③哀伤辅导。它是指协助人们在合理时间内，引发正常的悲伤，并健康地完成悲伤任务，以增进重新开始正常生活的能力。

（3）获取资源与资源对接。

在帮助老年案主的过程中，社会工作者要通过与拥有不同资源的个人、团体、机构合作，才能为老年案主提供最完善的服务。其中，资源包括有形的物质资源和无形的精神资源；又可分为正式和非正式资源，前者是指从社会福利机构或其他正式机构处获得的资源，后者是指从家人、朋友、同事、邻居处获得的资源。

（二）老年个案管理

李爷爷是居住在 A 社区的一位独居老年人，今年已经 82 岁，患有高血压等疾病，身体不是特别好，已经发生过多次居家意外事件。他的孩子和妻子也已经离世，经济十分困难。

请思考：

1. 单一的个案辅导是否可以满足李爷爷的需求？
2. 如果不能，李爷爷需要哪些服务资源？应该如何为其开展个案服务？

1. 老年个案管理的定义和原则

（1）老年个案管理的定义。

老年个案管理指的是当提供案主所需的服务必须经由许多不同专业人员、福利机构、卫生保健单位或人力资源来达成时，社会工作者发挥其协调与监督的功能，为老年人统整协助活动的一个过程。在此过程中，各个不同机构的工作人员相互沟通协调，以团队合作的方式为案主提供所需的服务，并以扩大服务的成效为主要目的。

（2）老年个案管理的原则。

①行为取向原则。身为个案管理者，首先必须了解什么是案主或者是案主群体的问题；案主本身对自己或是他人有什么行为；对此行为又有何看法；哪种行为模式才比较适合案主使用。

②转介机构原则。个案管理者应先对案主的问题做出评估，若不是个案管理者能解决或是不在服务范围之内的，将转至有关机关寻求协助。

③专业责任原则。个案管理者应该对案主的处置负责，有责任提供给案主适当的服务，提供案主共同参与其中的处置计划，并执行计划中的约定事项。

④协调原则。当案主的问题较复杂，需要两个以上机构或者其他专业人士共同处理时，个案管理者应该从中协调并召集相关机构共同帮助案主。

⑤评估原则。个案管理者应随时关注案主的情况，评估方案的可行性、适切性和案主改变的程度。

⑥系统取向原则。个案管理者需注重个体所存在环境内的各系统状况，任何分析、诊断、辅导计划都需要考虑与案主相关的系统。

2. 老年个案管理的常用模式

卢明斯曾从卫生保健领域出发探讨个案管理工作模式的运用，最后归纳出三种模式。

（1）社会性模式。

社会性模式主要是针对居住于社区中的完好个人，提供他们所需的服务及协助大于健康照顾的提供，而非医疗照顾的模式。

（2）初级照顾模式。

初级照顾模式主要是基于传统的医疗模式，其最主要的目标在于以协调的方式来提供一个适切的照顾服务。

（3）医疗社会模式。

医疗社会模式主要的服务对象是针对有危机的案主或是有需要住进机构接受照顾的人员进行的服务，借由整合性的医疗与社会的服务提供（如居家服务、护理），使案主尽量减少对机构的刻板化服务印象。

3. 老年个案管理的基本程序

（1）评量。

老年个案管理的最初阶段就是评量期。个案管理者需留意老年人的个人史、家庭史，其先前所接受过的服务等。评量的重心应注意个人的优点，而非病理。与此同时，个案管理者应与老年案主建立良好的专业关系，介入时以案主自决为前提。

（2）计划。

个案管理者通过评量时的资料搜集，即可制定个案服务计划。个案管理者需充分了解什么服务对老年案主来说是适当的，也需了解案主可获得的服务资源有哪些。因此，个案管理者需经常更新服务资讯，才能针对性地回应老年案主及其家庭的需求，制定个案计划。

（3）联系。

当制定个案服务计划后，个案管理者就需将案主与服务进行联结。个案工作者通常要与下列主体进行较为紧密的联系：民政部门、老年人服务、健康医疗、教育服务、司法体系、公私立老年人福利机构等。个案管理者此时应充当经纪人和倡导者的角色，充分挖掘和调动这些服务资源，为有需要的案主提供帮助。

（4）监督。

由于个案管理者不直接为案主提供服务，因此需要通过监控案主的进展来客观评估各类服务资源的使用效率，从而评估服务效果与质量。

（5）评估。

个案管理者需评估个案服务目标的达成情况、评估机构与服务者的服务素质、评估服务的使用和家庭的进展情况，从而得出个案整体的成效。

4. 老年个案管理的工作技巧

（1）评量的重心应放在个人的优点上。

（2）个案管理者与案主的关系是非常重要的。

（3）介入时必须以案主自决为前提。

（4）把社区视为储存各种资源的重要场所。

（5）个案管理者应有积极拓展的态度，相信案主是可以学习、成长和改变的。

（三）老年小组工作

1. 老年小组工作的定义与内容

（1）老年小组工作的定义。

所谓老年小组工作，是指在社会工作者的协助和指导下，利用老年组成员之间的小组凝聚力，帮助老年组成员学习他人的经验，改变自己的行为，正确面对困难，恢复社会功能和促进成长的专业服务活动。

（2）老年小组工作的内容。

①缅怀过去。通过重新审视过去、阐释过去所发生的事件，使老年人达到自我认知和整合，重新感到人生的意义。

②现代社会知识。通过与同伴的交往以及与他人交换观点，老年人可以保留他们的文化与价值观点，并能够融合那些与他们对现实社会生活看法相一致的现代社会观点。

③自我独立性。通过加强教育的方法来向老年人传递加强自我照顾的技巧和解决与子女间关系冲突的方法，以及为了保持独立的生活如何获取社区资源的途径等。

④生理和心理变化。

a. 通过社会心理、健康知识和照顾等教育活动来帮助老年人互相学习,以及克服身体和精神疾病所带来的忧虑,加强自我照顾的技巧。

b. 通过成员间的经验分享来缓解彼此间的内心抑郁,通过互相支持和鼓励加强彼此康复的动机与持久性。

⑤家庭的人员关系。通过小组活动,鼓励家庭内的老、中、青成员互相了解和合作,共同解决生活中所遇到的不和谐问题。

⑥社区资源的利用。通过小组活动来引导老年人认识社区中可利用的资源、服务及运用的方法,帮助老年人克服使用服务时的顾虑和恐惧。

⑦适应环境。通过小组活动,为老年人建立起社区支援网络,以减轻其不安感,并增加他们对生活环境的控制感。

⑧闲暇与文化活动。开展社会性和康乐性的小组交流和活动,帮助老年人重新定位自己的社会角色,给老年人带来极大的满足感和成就感,而且也能够重新找到适应社会生活的新方法。

⑨死亡教育。通过小组活动来开展死亡教育,让老年成员认识并讨论死亡,思考如何面对死亡前后的问题;也可以让老年成员互相交流对死亡的看法,鼓励他们说出自己的焦虑和不安,以摆脱对死亡的恐惧。

2. 老年小组工作的主要类型

适合开展老年工作的小组主要有以下几种类型:

(1)老年人社交康乐小组。

社交康乐小组适应社会功能丧失的老年人,其将有共同兴趣的老年人组织在一起,帮助他们积极参与身心健康活动,以达到适应老年生活的目的。

(2)老年人支援小组。

老年人支援小组旨在运用支持性的干预策略培养老年人互助、应对压力性生活事件,激活和强化老年人的应对能力,以便他们能有效地适应和应对未来的压力性生活事件。

(3)老年人治疗小组。

老年人治疗小组的目的是帮助成员改变行为,应对和改善个人问题,或者是在经历了身心和社会生活的创伤后得以康复。

(4)老年人服务小组。

老年人服务小组通过小组为老年人开展义务服务工作,培养和发掘人们的服务意识和潜能。

(5)护老者小组。

护老者小组的服务对象是老年人的家庭成员或其他照顾者,社会工作者将这些人组织在一起,一方面帮助他们学习护老的知识和技巧;另一方面帮助他们缓解护老过程中产生的压力。

不同类型小组的开展重点及区别见表6.2。

表6.2　不同类型小组的开展重点及区别

小组类型	社交康乐小组	支持小组	治疗小组	服务小组	护老小组
目的	帮助成员与同辈群体积极参与有利于身心健康的活动	帮助成员应付日常生活中的压力	帮助成员改变行为及康复	促成成员共同合作为老年人提供服务	帮助老年人的家庭成员发挥护老者功能
社会工作者角色	设计活动内容，促进活动展开，提供活动程序	促使成员间的相互支持与帮助	专家、权威人物、改变者、促使者	协调者、组织者	教育者、支持者、使能者、倡导者
工作重点	小组程序成为活动参与、学习等的媒介	成员间互相分享与共同关注	成员的问题、关注及目标	完成服务任务	护老者的需求及老年人的需求
维系因素	对活动、学习、技能、发展的共同兴趣	共同的苦恼及相同的经历	成员之间的相关关系	相同的目的和关注	护老者的角色
成员构成	不同人士或有相似的技能水平，有能力参与活动者	曾经遭遇相同困难和苦恼的成员	背景可以不同，但拥有共同关注的成员	人数多，背景不一，鼓励分工	不同人士组合，但都是护老者，都在经受护老压力
沟通方式	在活动中用语言或非语言进行沟通	成员之间通过相互分享和支持高度互动，公开沟通	大多数时候是社会工作者和成员之间的沟通	因任务及角色而不同	成员之间以及社会工作者之间的沟通和分享
自我披露程度	低度	中度或高度，主要分享适应技巧	高度	低度	中度或高度，主要分享适应技巧
工作形式	决定于程序活动性质，团队合作精神及语言与非语言参与情况	非正式，平等参与共同讨论	成员互助解决问题	形式化程序	一般非正式及平等参与，也可包括正式的演讲

3. 老年小组工作的常用模式

（1）社会目标模式。

社会目标模式主要运用于发展的项目或领域，其注重的是社会责任和社会变迁，强调培养公民的社会责任、社会参与和社会行动的能力。

（2）互动模式。

互动模式也称交互模式或互惠模式，是基于人与环境和人际关系而建立的一种小组模式，旨在通过组员之间、组员与小组及社会环境之间、小组与社会环境的互动关系，促进组员在小组这一共同体的相互依存中得到成长，增强组员的社会功能，提高其发展能力。

（3）治疗模式。

治疗模式是一种社会治疗或社会康复模式，旨在治疗和解决个人的社会问题，改变个人的社会行为。治疗模式是精神医学、心理学和社会学的结合与运用，具有独特的理论与技术，主要针对一些行为失范或有特定问题的人群，如需要吃药的病人、吸毒人员等。

（4）发展性模式。

发展性模式也称过程模式或发展性小组模式，旨在解决和预防服务对象社会功能的衰减问题、恢复和发展服务对象的社会功能。这一模式的应用范围极其广泛，如各种困难人群、面临危机的人群以及寻求更大自我发展的人群等。

4. 老年小组工作的基本程序

（1）小组策划阶段。

在小组策划阶段，社会工作者要做的工作都可以涵盖在称为小组规划的模型里。这个模型代表着逻辑上的一套必要的工作内容和程序。其主要包括以下几方面。

①明确小组目的。
②评量群体潜在的成员和支持性力量。
③招募成员。
④构成群体。
⑤成员对于小组的定向。
⑥工作契约。
⑦小组环境的安排。

（2）小组招募阶段。

成员招募程序要保证小组能拥有足够的潜在成员。因此，小组招募信息传播的对象应该以潜在案主或预期的成员为范围，不宜太早限定人数，以免因淘汰率太高而导致成员数量不足。社会工作者通常通过公告、新闻刊物、简介、广播媒体、个别通知等方式来宣传组成小组的构想。很多时候，社会工作者也会通过访谈、提前预测等方式遴选合适的服务对象参与小组。

（3）小组前的准备工作。

社会工作者要仔细考虑小组场地、物资及人员安排。一般来说，通常在小组聚会前通过印发书面通知单或者打电话的方式再次提醒小组组员聚会的时间和地点。社会工作者在带领小组之前，需提前熟悉小组内容和小组的动力特征，以及揣摩可能发生的情境，以便准备好应变计划。

（4）小组带领阶段。

在本阶段，社会工作者需要根据小组计划书推进小组的整体发展。小组根据发展情况，经历形成期、风暴期、规范期、成就期四个阶段。社会工作者需要在不同阶段留意自己的核心任务以及工作角色，然后充分运用小组工作技巧，推动小组动力的构建和发展。

（5）小组结束阶段。

在小组结束阶段，分离情绪是一个不可避免的问题。社会工作者应注意在活动过程中预先帮助小组成员解决可能会产生分离情绪的问题。同时，做好总结、巩固，以及评估小组巩固成效等后续工作。

5. 老年小组工作的工作技巧

（1）沟通与互动技巧。

①与组员沟通技巧。

a. 小组活动正式开始之前，工作人员应该充分了解参加小组的老年人的需要、期望及兴趣，在充分沟通的前提下，事先与老年组成员建立初步的良好关系。

b. 营造轻松、安全的氛围。工作人员对老年人要多用称赞的技巧，以鼓励他们的自信心和参与小组的积极性。对沉默的组员不要操之过急，需慢慢引导。

c. 专注与倾听。个案工作中的倾听技巧在此适用。

d. 积极回应。不仅要对某个成员做出回应，还应引导小组成员之间相互回应。

e. 适当自我表露。适当进行自我披露，有助于共情，建立信任关系。

f. 对信息进行磋商。耐心地与发言者协商交流，直到信息被正确了解和达成共识。

g. 及时进行小结。工作人员要多用启发的方式协助老年人把参与活动的感受表述出来，并把这些体会与小组宗旨联结起来，加速老年人对小组的认同。

②促进组员沟通技巧。

a. 提醒相互倾听。社会工作者要注意现场的安静，提醒组员相互仔细倾听对方的发言。

b. 鼓励相互表达。运用"此时此地"的技巧让组员表达自己的感受，接纳他人的感受；对沉默的组员要加以鼓励；对说得太多的组员应适当加以阻拦，以留给其他人更多的表达机会。

c. 帮助相互理解。在沟通时，密切注意和观察组员的声调、语言、表情、态度和姿势等细微之处，帮助组员沟通和理解信息不一致和不明白的地方。

d. 促进相互回馈。组员发言后，鼓励组员之间分享并给予回馈。

e. 示范引导。在沟通过程中，社会工作者可用以身示范的方式诱导组员模仿。

（2）小组讨论技巧。

小组讨论有助于组员参与小组事务、激发对小组兴趣、运用集体的力量与决策解决小组和组员问题。

①小组讨论的事前准备技巧。

a. 选择合适主题（明确考虑发展进程、小组类型、目标和组员能力）。由于考虑老年人的特殊性，小组聚会切忌使用过于复杂和抽象的游戏或过量活动的游戏。

b. 注意主题措辞（事实性、价值性、推测性、政策性问题不同措辞）。工作人员需充分评估小组成员的情况，选择合适的措辞方式。

c. 选择合适讨论形式。可根据小组的性质、内容、组员的适宜性等因素，选择合适的讨论形式，如小组讨论等。

　　d. 安排活动环境。根据活动内容做好环境的安排布置。

　　e. 挑选合适参与者。要安排好参与者的角色，如讨论的主持人和参与者的角色分配。

　　f. 准备好讨论草案。需确定目标、素材、场地及设施准备清单，并掌握好时间分配等。

　　②主持小组讨论技巧。

　　a. 开场。自我介绍、相互认识熟悉，引出主题，明确规则和要求。

　　b. 了解技巧。观察组员的语言、认知、情绪、行为，给予适当的支持和鼓励。注意工作的进程，适当将自己对小组的感受与思考反馈给组员。给予组员安全的小组气氛，使每位组员展示真实的自我。

　　c. 提问。具体包括五种类型的问题，如封闭式（是不是）、探究回答型（描述/告诉/解释）、重新定向型（引向其他组员）、反馈和阐述型（寻求总结）、开放式（怎样/为什么）。

　　d. 鼓励。对于内向和害羞的组员应给予支持。

　　e. 限制。通过询问其他人、切断话题或打岔、限定发言时间或调整次序等方式把握小组活动的节奏和进程。

　　f. 沉默。适时让组员在接受意见和建议后，自己判断。

　　g. 中立。在小组讨论中，组员之间发生争论时，社会工作者的中立态度很重要。

　　h. 摘述。摘述常用于段落结束、主题被岔开、变换主题、组员发言时间过长、发言过于复杂或宽泛、意见对立或争执很久、发言声音过小、出现语言障碍等情况；发言时应简要明晰并征求发言者的意见。

　　i. 引导。引导过程中需要注意两个要点：一是把握程序，引导需按确定问题—分析问题—寻找和评价解决方法—选择一种方法的进程去展开，围绕如何解决问题可采用头脑风暴法；二是妥善处理发生的冲突，如若遇到难以化解的问题时可考虑民主表决，同时需要避免指定发言、轮流发言、单刀直入和刨根问底几种情况。

　　j. 结束。此阶段需进行问题归纳、意见建议的组织并形成结论。注意，结论部分应详细全面，并指出应用的具体方法。工作人员要妥善处理好结束老年人临别的情绪问题。

　　（3）治疗技巧。

　　治疗技巧一般有三种：直接干预法、间接干预法、小组外在力量法。

　　①直接干预法。社会工作者以治疗者的角色直接影响组员的行为，这种方法通常用于小组自身还缺乏相应资源和经验、无法协助组员解决面对的问题或个别组员孤立于小组之外时。

　　②间接干预法。社会工作者干预小组过程、利用小组影响来间接影响和改变组员。

　　③小组外在力量法。借助小组之外的力量——小组外活动、与组员有显著关系的外部人员、组员所属社会体系和社会环境来影响组员和小组。社会工作者实际扮演辩护者、仲裁者、中间人、评议员的多重角色；应注意避免在组员不在场时做出重大决定。

（四）老年社区工作

1. 老年社区工作的定义

老年社区工作，是指社会工作者在社会工作伦理价值的指导下，以社区中的老年人为工作对象，通过发动和组织社区内老年居民参与集体行动，以发现和确定老年人在社区中的问题，动员社区资源预防和解决老年人的问题，促进老年人的社区参与，改善老年人与社区的关系，培养老年人的自助、互助与自决精神，建立老年人对社区的归属感，提高老年人的社会福利水平和晚年生活质量的一种宏观层面的社会工作方法。

2. 老年社区工作的对象和内容

（1）老年社区工作的对象。

普通老年人：是指大多数老年人群体，他们共同面临着诸多问题和需求，如文化娱乐、健康管理、生活照料、精神或心理、社会需求等。

特殊老年人：在社区，有时候一些老年人群体有更深入的特殊需求，如高龄独居老年人、失智老年人、失独老年人、生活困难老年人、病残老年人等。

（2）老年社区工作的内容。

①紧急援助服务。紧急援助服务是指通过定期查看查询、紧急呼援、应急热线等措施，构建对独居、空巢老年人的服务网络，降低他们在社区发生各种突发事件的风险。

②生活照料服务。生活照料服务是指在社区建立日间照料中心、居家养老服务站点、老年人食堂等，提供上门或者日托等服务，为有需要的老年人提供如仪表修饰、个人清洁、排泄照料、饮食照料、居家清洁、助行服务等日常生活方面的实际帮助。

③医疗卫生保障服务。医疗卫生保障服务是指在社区内为老年人建立健康档案，定期为老年人进行健康检查，发现疾病及时治疗；在社区开展康复治疗项目，开展疾病预防、保健方面的教育以及健康管理服务等。

④文化娱乐服务。文化娱乐服务是指通过社区党群服务中心、老年协会等平台，组织老年人开展丰富多彩的符合老年人需求的文化娱乐活动，是老年人丰富社区生活、消除烦恼、压力及孤单寂寞的重要方式之一。

⑤权益保护服务。权益保护服务是指通过政府设立的法律援助机构，组织法法律服务人，为有需求的老年人提供法律服务以保障其合法权益。

⑥自助互助服务。自助互助服务是指充分运用老年人的"银发资源"，发挥老年人的特长，鼓励老年人积极参与社区公益活动，开展自助和互助活动。

⑦困难老年人帮扶服务。困难老年人帮扶服务是指针对社区孤老、独居老龄老年人、生活有困难的老年人以及病残老年人提供针对性的帮扶服务。

⑧社区敬老院、托老所。社区敬老院、托老所是指在社区内设立的老年人院舍，从而满足老年人日常生活照顾的需求。

⑨适老化环境改造。适老化环境改造是指通过对老年人家庭环境、设备、设施的改造以及配备生活辅助器具，增强老年人居家生活的安全性、便利性、科学性，提升老年人居家生活的自理能力，缓解老年人因生理机能变化而产生的不适，还要兼顾改造后居家环境

的美观。

⑩老年友好社区建设。老年友好社区建设是指倡导社区对老年人持有积极态度，以及将老年人作为社区中的重要资源。

3. 老年社区工作的常用模式

（1）地区发展模式。

①基本假设。

a. 社区居民愿意参与社区事务。

b. 社区问题的主要成因是缺乏沟通和合作。

c. 社区应当可以实现和谐。

②特点。

a. 较多关注社区共同性问题。

b. 通过建立社区自主能力来实现社区的重新整合。

c. 过程目标的重要性超过任务目标。

d. 重视居民的参与。

③策略。

a. 立足社区基层群众公共利益的扩大，通过沟通、对话和讨论促使各种居民小组的成立。

b. 社区组织之间的协商、妥协、合作。

c. 对社区精英的争取、团结和支持。

d. 对社区大众的争取和包容，并使其参与发展项目。

（2）社区策划模式。

①基本假设。

a. 假设在一个复杂的社会环境下，若要实现社区变迁，必须依靠专业人员和专业技术。

b. 崇尚理性的力量。

c. 社会问题可以通过渐进方式解决。

②特点。

a. 注重任务目标的实现。

b. 强调运用理性原则处理问题。

c. 注重由上而下的改变。

d. 指向社区的未来变化。

③策略。

a. 明确组织的使命和目标。

b. 分析环境和形式。

c. 客观地认识自己的能力。

d. 界定和分析问题。

e. 确定需求。

f. 建立目标和达到目标的标准。
　　g. 列出、比较及选择可行方案。
　　h. 测试方案。
　　i. 执行方案。
　　j. 评估结果。
　（3）社区照顾模式。
　①基本假设。
　社区照顾是社会工作者动员社区资源，运用非正规支援网络，联合正规服务所提供的支持服务与设施，让有照顾需求的老年人在家里或社区中得到照顾，过正常的生活的活动。
　②特点。
　　a. 协助服务对象正常地融入社区。
　　b. 强调社区责任。政府、营利机构、非营利性机构、志愿组织、社区、家庭、个人等多方面共同承担服务责任。
　　c. 非正式照顾是重要方面。
　　d. 提倡建立相互关怀的社区。这是一种相互关怀的社区文化，是社区照顾的过程目标。
　③策略。
　　a. 在社区照顾：有需求及依赖外来照顾的老年人可以在社区的小型服务机构或住所中获得专业人员的照顾。
　　b. 由社区照顾：重点是积极协助老年人在社区中重新建立支持网络。
　　c. 对社区照顾：包括日间医院、家务助理等。

4. 老年社区工作的基本程序

（1）建立关系。

此阶段的目的在于建立关系，以便进一步评估需要。社会工作者可通过探访社区单位，如街道办、社区党委、居委会、爱心企业等单位和组织，访谈社区相关负责人，如街道党工委书记、社区居委会主任、乐于为老年人服务的社区骨干等，与之建立良好的信任关系，从而有助于社会工作者进一步评价社区老年群体之需求以及社区的资源。此外，社会工作者也可主动通过组织各类活动吸引居民主动接触社会工作者。

（2）社区分析。

通过综合运用观察法、文献资料法、社会指标、焦点小组等方法，对社区进行调查，从而了解社区在老年生活、照顾、医疗、教育、文化等方面存在的问题、可利用的资源，以及现有的服务组织。通常，社区分析主要涉及以下几方面问题：

　①社区环境分析。
　②社区老年人口分析。
　③社区老年社会问题分析。
　④社区老年各类需要分析。
　⑤社区老年服务资源分析。

（3）制定计划。

根据社区分析的结论，针对需要解决的老年群体的问题或回应的需求，制定一个有效和良好的社区工作的服务计划。该计划需具备适宜性、可行性、可接受性、经济性等特点。

（4）组织实施。

组织实施即将实施计划付诸行动的过程。实施的过程包括开会讨论、协调相关单位、申请经费或协调资源、宣传倡导、招募、现场带领以及争取老年居民参与其中等。

（5）总结评估。

总结评估即针对服务方案的目标达成、服务过程的适宜性、服务素质、服务成效以及影响力综合进行评价的过程，以总结经验，提升服务水平。

5. 老年社区工作的工作技巧

（1）与居民接触的技巧。

①事先准备。良好的准备，让社会工作者可以对接触的对象多一分了解，以利于更好地对着装、话题等做好充分的准备。

②与社区居民的接触过程包括介绍自己；展开话题；维持对话；结束对话。

（2）主持会议的技巧。

①提问和邀请发言。提问时要尽量用开放性的问题，让发言者有较大自由来发表意见；每次提问时应围绕一个问题展开，避免出现双重性或者连续性的问题。

②进一步说明和转述。当与会者所表达的意见不明确或者不完整时，社会工作者可以帮助他们进一步说明；转述则是指社会工作者用自己的语言将发言者所说意见的主要内容精确地表达出来。

③聚焦。与会者在参与讨论的过程中会出现离题、纠缠于细枝末节问题或后续问题的情况，这时社会工作者需要运用聚焦的技巧，将与会者的注意力集中在会议讨论的主题上，将会议带回既定的议程。

④摘要、综合和总结。摘要的技巧是指将某些长篇的发言简化为几点重要意见，在讨论已进行一段或者将结束时把意见摘要归纳出来。综合的技巧是指将有关的意见串联和综合到一起，找出共同点，归纳各方意见，减少分歧，使讨论更系统、更清晰。总结则是指将之前所讨论的意见、观点和决定再清晰地复述一次，以便与会者了解会议的最后决定。

⑤关注、赞赏和鼓励。

（3）居民骨干培养的技巧。

①鼓励参与。主动邀请他们参与组织工作。针对部分居民骨干缺乏自信、自我认同感不高的情况，社会工作者要对他们给予鼓励和肯定，不断向居民骨干灌输"当家做主"的理念。

②建立民主领导风格。社会工作者除了可以积极培养居民骨干的民主意识，多组织居民会议，共同协商处理社区问题外，也要促进居民骨干对民主原则的全面理解和认同。

③培训工作技巧。可提升居民骨干的课程设计和授课技巧。

④增强管理能力。可提升居民骨干的沟通能力、策划能力、组织能力等。

二、案例示范

（一）案例描述

温馨的陪伴——哀伤辅导在老年人个案服务中的运用

随着年龄的增长，年迈夫妻中总有一人会提前先离世，由于双方多年陪伴，当一方离世时，另一方会产生"心痛效应"，身体突然产生各种不适，严重者可能会在3个月内突然死亡，所以对于在哀伤期内的丧亲老年人需要特别关注。

2017年3月，工作人员在深圳市南山区某老年人日间照料中心（以下简称"中心"），发现服务对象情绪低落，常常发呆，偶尔流泪；腿脚不便，走路很慢；有声音会第一时间转头，但是不主动与中心其他老年人交流；一个人独自在偏僻角落坐着，手工织针时一直出错；工作人员通过中心工作人员及中心其他老年人口中了解到，伴侣去世后，服务对象情绪一落千丈，产生哀伤情绪，头发突然变白，腿部疼痛加剧，经常发呆，也从不和其他老年人交流，因此工作人员联系督导进行预估，准备介入。

1. 服务对象资料

基本资料：刘阿姨（化名），女，74岁，2016年年底丧偶；出生于山西省，在天津长大，在上海结婚，20世纪80年代和伴侣在深圳创业，10多年前和伴侣退出自办企业。现在他们的大儿子接手了公司业务。

家庭资料：服务对象居住在中心附近，伴侣于2016年年底突然生病离世，两个儿子都已婚，且均在深圳市居住，有一个孙子是大儿子儿媳所生；服务对象不愿在儿子家长住，但服务对象若生病，儿子们都会照顾她；每周与大儿子一家有一次家庭聚会，每年寒暑假时会在二儿子家居住。

经济情况：服务对象每月有约2万元可自由支配资金；两个儿子及儿媳会赠送物品，譬如手机、平板电脑及口红等。

身体状况：家住五楼，可以独自上下楼，生活可以自理；但是最近失眠情况严重，头发变白，腿部疼痛加剧，脸部老年斑增多，服务对象对此难以接受。

行为表现：每天准时到中心，独自一人坐在角落；带着手工针织品，但很少针织，针织也经常错误，针织品反复拆线重织；午间在中心吃饭，饭量不大，经常吃一点儿就说饱了。

情绪（感知）状况：服务对象情绪低落，经常发呆，偶尔流泪；有声音会第一时间反应，但不主动和人聊天；别人和她聊天，很久才反应过来。

认知情况：对伴侣去世的事实已经接受，但对家中水、电、气、网络等，却会恍惚觉得伴侣已经交过了费用，经人提醒才会想起确实未交。

人际关系：服务对象每天都会前往日间照料中心，但是不和其他老年人沟通，仅有李阿姨一个朋友。

(二)案例评析

哀伤的过程通常分为五个阶段：否认、愤怒、协商、消沉、接受。社会工作者通过观察和沟通了解，服务对象现在处于哀伤情绪的协商与消沉期，这个时期的主要表现为感觉是最后一根稻草压在自己的身上，开始消沉与自暴自弃，情绪较为绝望，身体状况急速变差，需要工作人员介入陪伴，帮助其度过哀伤期。

根据对服务对象的了解，伴侣在世时，较依赖伴侣，家里的水、电、气、社保、网络等日常事务，外出旅游、参加社团等大小杂事都由伴侣处理；而伴侣离世后，服务对象不愿与家人一起，又缺乏朋友的陪伴，与社区内的其他老年团体的联系也较少，需重建社会支持网络。

1. 服务计划

（1）介入理论。

哀伤辅导：哀伤辅导是为各种遭受失落痛苦的人提供的支持服务，以协助受助者减轻精神层面的情绪负荷，适应失落之后的外在环境，并促使他们重建自我和社会关系。

伴侣离世是最大的哀伤之一，服务对象与伴侣一起生活了近半个世纪，伴侣的离去，使她感到悲伤，不能接受，无法独自面对生活，这都是正常的感受过程；虽然接触服务对象时，她已经接受伴侣离去的事实，但是社会工作者在对服务对象的感知、身体状态、认知及行为状态进行评估时，发现其还是处于哀伤情绪中的消沉阶段，未能完全走出来。

因此，在服务期间，工作人员需要协助服务对象接纳失去伴侣的事实、学会告别，适应失去至亲的生活，使生活重新回到正轨，最终重塑自我，度过美好的晚年。

（2）社会支持网络理论。

社会支持网络是指个人与他人及社会之间的接触，而通过这些接触，个人得以维持社会身份并且获得情绪支持、物质援助和服务、信息与新的社会接触。一个人所拥有的社会支持网络越强大，就越能够更好地应对来自环境的各种挑战。支持资源可分为正式支持和非正式支持，正式支持主要是指来自政府、社会正式组织的各种制度性支持；非正式支持主要是指来自家庭、亲友、邻里和非正式组织的支持。

服务对象以往的社会支持主要都建立在与伴侣的关系上，其伴侣去世后，以往的主要支持网络断裂，服务对象面临自己重新建立属于自己的支持网络问题，而这个时候，服务对象的情绪还在哀伤期，无法依靠自己恢复调整，因此社会工作人员在安抚服务对象哀伤情绪的同时，还需要协助其重新连接社会网络，使服务对象走出哀伤期，回归正常生活。

2. 服务目的和目标

（1）服务目的：协助服务对象能够回归正常生活，心情愉悦地度过晚年生活。

（2）服务目标：

①协助服务对象处理哀伤情绪。

②协助服务对象接受伴侣离去的事实。

③协助服务对象适应失去伴侣的生活。

④协助服务对象生活回到正轨。

3. 服务策略和计划

结合哀伤理论，识别当下的情绪阶段，有针对性地介入并开展工作，完成告别仪式，协助服务对象走出哀伤，恢复社会功能，拥抱生活，见表6.3。

表6.3 服务策略及计划

序号	目标	内容	时间
1	建立关系，识别情绪阶段	用真诚、同理等方式与服务对象建立相互信任的良好关系，陪伴服务对象，为其提供情绪支持，让服务对象有信心运用自身能力处理哀伤情绪	1个月
2	接纳与告别	生命回顾小组，回顾以往的美好生活，在过程中引导告别，在回顾中接纳全新的生活并放下过去	3个月
3	建立支持，鼓励肯定参与活动	利用现有的老年人日间照料中心资源，扩大服务对象的社会支持网络，获取朋友的支持，适应失去至亲后的生活	6个月
4	规划方向	规划晚年生活	1年

4. 实施过程

（1）建立联系，识别服务对象情绪，协助服务对象接纳与告别。

①目标：协助服务对象接受伴侣离去的事实，引导服务对象利用自身能力处理哀伤情绪。

②介入重点：以沟通为主，提供情绪支持，陪伴服务对象；通过生命历程回顾小组，回忆生命中的美好时刻，为服务对象提供告别仪式；通过面谈，引导服务对象利用自身能力，处理悲伤情绪，向过去告别。

③主要内容：了解到服务对象基本情况后，工作人员通过李阿姨与服务对象建立关系，以面谈及微信聊天的方式加强与服务对象的联系，并以同理、尊重、倾听、鼓励等方法陪伴服务对象，增强服务对象的信任。

此后，通过沟通，工作人员了解到服务对象虽然已经度过了否认和愤怒期，逐步接受伴侣离去的事实，但是情绪会不定期反复，偶尔还是觉得伴侣就在身边。对此，2017年4月，工作人员邀请服务对象和李阿姨参加生命历程小组，在小组进程中，服务对象回忆起与伴侣的感情经历并当场大哭，小组成员对服务对象进行了安抚，帮助她在小组中完成了对伴侣的告别。

2017年暑假，服务对象离开和伴侣共同居住的房屋，外出游玩；期间，服务对象会给工作人员发照片，服务对象笑容多了起来，并且表示睡眠好起来了，腿部疼痛情况缓解了，和伙伴在一起很开心。在服务对象离开深圳期间，儿子、儿媳经过服务对象同意，将服务对象现有房屋进行了修整及粉刷，消除了一些服务对象伴侣以前的痕迹。服务对象回深后，表示情绪较为稳定，过去的事情都过去了，房子也重新装修了，要开始新的生活。

（2）给予支持与鼓励，引导服务对象利用自身潜力调适生活。

①目标：重建服务对象正式及非正式社会支持网络，让服务对象得到更多的社会支持，帮助她适应失去伴侣后的生活。

②介入重点：帮助服务对象发挥自身所长，增强自信；寻找有共同爱好的朋友，完善社会支持网络。

③主要内容：经过工作人员与服务对象长期沟通及观察，发现服务对象经济条件较好，生活尚能自理，除去平时忘了交水、电、网络及电话费用（经了解，后来大儿子统一缴纳所有日常杂费）以外，服务对象在失去伴侣后，存在的最大问题在于支持性社会网络不健全；除去李阿姨外，并无其他至交好友；对此，工作人员通过小组、社区活动及常规活动，为服务对象提供了非正式社会支持网络；通过社区联络等，为服务对象寻求正式社会支持网络的帮助。

2017年4月，服务对象和李阿姨参加生命历程小组，期间服务对象回忆伴侣去世的事情，让其他老年人更加了解到她相关情况，此后经常邀请服务对象参加老年大学的一些相关活动。

2017年5月，参与工作人员组织的扎染小组，与在中心活动的一位老年人较为投缘，小组活动结束后该老年人邀请服务对象加入社区合唱队活动。

2017年6月，服务对象养老金停止发放，经过排查发现，服务对象忘记办理重新认证手续，工作人员陪伴服务对象前往社区工作站重新认证，此外，工作人员还与工作站人员沟通，表示服务对象为高龄独居老年人，希望工作站可以重点照顾，相关人员也表示会注意服务对象相关情况，并感谢工作人员的及时提醒。

2017年9月，服务对象加入中心老年大学学习，每周上课四次；加入社区舞蹈队，每周锻炼两次。此外，服务对象经常与大家聚餐、唱歌和旅游，开始与其他老年人建立亲密联系。

2017年12月，服务对象表示腿疼的毛病好了，头发也开始慢慢变黑，脸色不再灰暗，变得有光泽，老年斑有所减退；工作人员担心服务对象的这种情况是因为身体疾病导致的，建议体检；服务对象体检后表示身体情况不错，也很感谢工作人员的关心。

在此期间，工作人员鼓励服务对象主动选择参加自己喜欢的活动；当服务对象开始活动时，表明其在行为方面已经开始有新的转变，工作人员及时对其正面行为表达了肯定和鼓励；通过访谈及观察，服务对象已经调整好状态，适应了新的生活。

（3）畅谈晚年规划，使服务对象的生活回到正轨。

①目标：协助服务对象重新规划晚年，完成之前未完成之事。

②介入重点：鼓励服务对象享受生命的美好，做好规划，使生活回到正轨。

③主要内容：2018年春节，工作人员通过微信祝福服务对象新春快乐，咨询服务对象的新年愿望，服务对象表示期待自己健康快乐。

2018年3月，服务对象与工作人员面谈，表明自己计划今年邀请旧时的小伙伴到惠州度假。

2018年4月，服务对象和团队参加了街道模特大赛，并拿到优胜奖。

同月，参与中心组织的生命历程小组，小组最后环节设计为"我的晚年"，让老年人们说出自己对晚年的期待，也说出以前与伴侣对人生的规划；表示期待自己能够继续多和小伙伴聚会，能够参与一些小的演出，偶尔可以出游，健康快乐地度过晚年。

2018年5月，工作人员通过面谈，与服务对象详谈了这一年多以来服务对象的变化，赞美服务对象的现状，并听取了服务对象对今后人生的规划，提出结案。服务对象表示同意，而且非常感谢工作人员给予的陪伴，自己已走出了那段悲伤的情绪，回归了正常生活，现在社区每个月都会有楼长去她家看望，还帮助她交了很多好朋友，大家可以一起旅游、一起喝茶、一起唱歌，还会参加各种演出，自己对现在的生活很满意，也希望以后会越来越好。

工作人员本阶段以服务对象自决为主，让服务对象发挥自身能力，寻找到自己的价值，增加自信，进行自我重塑。

5. 总结评估

（1）评估方法。

面谈法、观察法、量表对比法。

（2）评估内容。

通过哀伤情绪关于感觉、生理感官知觉、认知、行为四个层面可以得出服务目标基本达成，服务对象接受伴侣去世的事实，利用自身能力处理哀伤情绪，适应了独自生活。

哀伤情绪表征对照见表6.4。

表6.4 哀伤情绪表征对照

层面	具体感受	个案服务前	个案服务后
感觉	悲哀	4	1
	孤独感	5	1
	麻木	5	0
生理感官知觉	肌肉无力腿脚不便	3	1
	缺乏精力	4	1
	胃部——饭量减少	4	0
认知	感到逝者仍然存在	3	0
	困惑	3	0
行为	失眠	5	2
	食欲障碍	4	0
	心不在焉的行为	4	1
	叹气、哭泣	5	0
	社会退缩	4	0
	珍藏遗物	4	1

注：分值为5/4/3/2/1/0；其中5最严重，0为症状消失。

6. 反思

（1）哀伤不会立刻消失，要识别几个阶段。

在本次个案中工作人员运用了哀伤辅导理论，协助服务对象从消沉情绪到接受现状，然后调试生活，最后重塑自我回归正常生活；在本案例中，服务对象由于一直与伴侣生活，依赖关系较为严重，伴侣去世后，服务对象生活哀伤情绪较为严重，身体出现各种不适；虽然工作员遇到服务对象时，她已经进入协商与消沉阶段，但还会有反复，偶尔还会退回否认与愤怒阶段;在整个服务过程中,服务对象的几个阶段偶有反复及相互重叠,需要注意及时识别服务对象哀伤情绪所处阶段,及时采取相应策略。

(2)哀伤个案服务关系建立技巧的运用。

在此次个案中,由于服务对象前期非常的敏感及抗拒陌生人;在关系建立方面,工作人员刚开始并没有直接与服务对象进行接触,而是从工作人员身边了解服务对象的基本情况、通过与服务对象建立朋友关系、陪伴服务对象打游戏等建立基础联系,待取得服务对象的基本信任后才开始正式服务。对此,工作人员在与服务对象建立关系时,需要有耐心,不要拘泥于形式,要多陪伴他们。

(3)哀伤情绪堵不如疏,重视告别尊重生命。

在中国现有文化中,哀伤情绪大多数为处理方式为远离哀伤情绪或者堵住对伴侣的思念社会工作者在本次个案中虽然也采用了哀伤情绪的保险箱模式,通过引导服务对象离开与伴侣居住之地来缓解悲伤情绪;但是后期服务对象调试情绪回归正常生活后,工作人员与服务对象一起制定晚年规划,并以完成夫妻未完成的愿望为目标,帮服务对象制定了旅行计划,服务对象将带着更多的期待前往他们一起向往过的地方,让晚年生活更加有意义。

(4)老龄化社会到来,哀伤辅导需求越来越大。

回归案例开始,由于哀伤情绪而导致的"心痛效应",很多老年人在伴侣去世后的半年内紧接着去世;而随着社会老龄化程度的逐渐加深,和本次服务相似的情境也将越来越普遍,需要哀伤辅导的服务对象也将越来越多,社会对哀伤辅导的需求也将越来越大,希望各位工作人员能够多了解哀伤辅导相关资料,多参与相关培训,能够在服务对象遇到类似需求时,及时为他们提供相关服务,协助他们缓解情绪、调试状态,回归正常生活。

> **督导评语**
>
> 此案例是一个能够较好地运用哀伤辅导技巧的服务案例,工作人员通过协助服务对象处理哀伤情绪,帮助其建立新的社会链接,使其最终重归正常生活。在长达一年的时间里,工作人员对服务对象保持跟进和关注,个案过程运用了多种专业手法,其目的均指向服务对象最终能够度过哀伤期,接受和面对生活的变故,平稳度过人生的特殊时期,在服务过程中,工作人员始终以服务对象为中心,根据服务对象的状态采取不同跟进策略,最终实现了服务目标。

三、实训任务

(一)实训任务一

(1)实训主题:与老年人建立关系的技巧。

(2)实训目标:掌握与老年人沟通的技巧。

(3)实训内容和方法:请访谈一位陌生的老年人,完成对其服务需求的评价。

（4）实训评估标准：完成访谈记录，进行自评、反思并提出改善建议。

（二）实训任务二

（1）实训主题：不同类型老年小组的设计与带领。
（2）实训目标：根据不同小组的特点，设计和带领5个类型老年小组。
（3）实训案例：
①针对社区中一群老年人开展红色读书会小组服务。
②针对社区中一群患有慢性疾病的老年人开展支援小组。
③针对一群失独老年人开展小组服务。
④针对一群有心给老年人开展智能手机上门培训的志愿者开展小组。
⑤针对一群失智症老年人的照顾者开展小组服务。
（4）实训内容和方法：根据不同情境分成5个小组，分别完成其中一个类型小组的设计与带领，每个组员需要轮流带领小组。
（5）实训评估标准：设计出的小组符合该类型小组的特征，符合背景资料中的群体特征；基本可以完成该类型小组的带领工作。

（三）实训任务三

（1）实训主题：老年社区工作的开展。
（2）实训目标：识别和掌握不同类型的老年社区服务。
（3）实训内容和方法：分别组成实训小组，每个小组联系一家老年服务单位，然后参与和观察其中一项社区服务项目，并做好记录工作。
（4）实训评估标准：每个小组最终完成汇报，分析该服务的内容、目标、操作方式、成效以及个人收获。

四、巩固提高

（一）单选题

1. 老年个案服务计划制定需要遵循SMART原则，以下选项中不属于该原则的是（　　）。
   A. 明确的　　　　B. 可衡量的　　　　C. 相关的　　　　D. 现实的

2. （　　）旨在将有共同兴趣的老年人组织在一起，帮助他们积极参与身心健康活动，以达到适应老年生活的目的。
   A. 老年人社交康乐小组　　　　B. 老年人支援小组
   C. 老年人治疗小组　　　　　　D. 老年人服务小组

3. （　　）不是老年个案管理的基本程序。
   A. 评量　　　　B. 计划　　　　C. 辅导　　　　D. 监督

4. （　　）不是老年社区照顾模式的主要策略。
   A. 由社区照顾　　　　　　　　B. 在社区照顾
   C. 对社区照顾　　　　　　　　D. 为社区照顾

5. （　　）不是老年小组工作的治疗技巧。
A. 直接干预法　　　　　　　B. 间接干预法
C. 小组外在力量法　　　　　D. 综合干预法

（二）多选题

1. 以下选项中属于老年个案工作流程包括（　　）。
A. 申请和接案　　　　　　　B. 资料搜集与诊断
C. 确定目标与制定计划　　　D. 服务与治疗
E. 结案与评估

2. 以下选项中属于老年小组常见类型的有（　　）。
A. 老年人社交康乐小组　　　B. 老年人支援小组
C. 老年人治疗小组　　　　　D. 老年人服务小组
E. 护老者小组

3. 老年社区工作的主要模式包括（　　）。
A. 地区发展模式　　　　　　B. 社区策划模式
C. 社区照顾模式　　　　　　D. 任务中心模式
E. 问题解决模式

4. 老年社区工作的基本程序有（　　）。
A. 建立关系　　　　　　　　B. 社区分析
C. 制定计划　　　　　　　　D. 组织实施
E. 总结评估

5. 老年个案管理的主要模式包括（　　）。
A. 社会性模式　　　　　　　B. 医疗照顾模式
C. 初级照顾模式　　　　　　D. 医疗社会模式
E. 医养结合模式

（三）论述题

1. 案例：盛某，女，66岁。近几年一直因类风湿关节炎而卧床不起，手脚等严重变形，生活无法自理，需要老伴照顾。盛某的儿女也在外地工作，不能常常来看她，而且老伴也会常常出去散步或是有事出门。盛某一个人在家时间久了，有些闷闷不乐。盛某以前是一个很勤劳、很懂持家也很好胜的人，而现在因病缠身，心里难免有些不能接受，现在她连生活都不能自理，更别说做别的家务了。老伴觉得她性格没有以前开朗了，身体的疼痛也使她常常说些类似"病永远好不了"这样消极的话。儿子买了轮椅，老伴说推她下楼散步，她觉得面子上过不去而不肯下楼，常常一个人闷在家里。

2. 问题：
（1）请根据案例背景，对此个案进行问题分析。
（2）请根据案例的分析情况，制定初步的个案介入策略并选择需要应用的技巧。

第七章 老年社会工作服务内容

2002年,联合国第二届世界老龄大会正式提出了"积极老龄化"的发展战略,并将其写入大会政治宣言,成为应对人口老龄化新的政策框架。在此背景下,世界卫生组织将积极老龄化定义为"人到老年时,为了提高生活质量,使健康、参与和保障的机制尽可能发挥至最大效应的过程。"在新时代的老年理论发展的影响下,笔者将以积极老龄化为理论基础,将老年社会工作的服务内容主要聚焦在健康、参与和保障服务。

国内学者对老年社会工作服务内容看法不一,涵盖的内容也不尽一致。

2016年1月,民政部公告第396号,发布《老年社会工作服务指南》(MZ/T 064—2016)(以下简称《指南》)推荐性行业标准。其中,老年社会工作服务的内容主要包括救助服务、照顾安排、适老化环境改造、家庭辅导、精神慰藉、危机干预、社会支持网络建设、社区参与、老年教育、咨询服务、权益保障、政策倡导、老年临终关怀等。《指南》从微观的视角将老年社会工作服务进行定义,涵盖的内容较为广泛。

民政部老年社会工作者司编制的《老年社会工作实务》中指出,宏观的视角,老年社会工作的服务内容有推动老年立法、老年福利政策的制定和实施;开展社区居家养老服务;促进养老机构规范化建设等。从微观视角,老年社会工作服务内容有老年社会救助、老年生活服务、老年家庭关系处理、老年心理辅导、老年社会参与和社会融合。

一、基础知识

(一)权益保障和政策倡导的主要内容

1. 权益保障的主要内容

根据《中华人民共和国老年人权益保障法》的规定,老年人的权益包括从国家获得物质帮助的权利、被赡养的权利、婚姻自由权、财产所有权、继承权、住房权、继续受教育权、劳动权、参与社会发展权利等。《中华人民共和国老年人权益保障法》中涉及的老年人相关权益见表7.1。

表 7.1 《中华人民共和国老年人权益保障法》中涉及的老年人相关权益

相关权利	具体内容	备注
从国家获得物质帮助的权利	第四条明确规定：老年人有从国家和社会获得物质帮助的权利，有享受社会发展成果的权利	离退休老年人的养老金领取；孤寡老年人的社会福利救济；交不起医药费时可减免；请求法律援助、减免诉讼费等内容是国家、社会提供给老年人具体的物质帮助
被赡养的权利	第十四条明确规定：赡养人应当履行对老年人经济上供养、生活上照料和精神上慰藉的义务，照顾老年人的特殊需要	老年人通过家庭实现被赡养；家庭成员有义务保障老年人正常生活方面；当老年人生病时，家庭成员应予以治疗和护理；家庭成员应关注老年人的精神需求，不得冷落老年人；禁止对老年人实施家庭暴力等
婚姻自由权	第二十一条明确规定：老年人的婚姻自由受法律保护。子女或者其他亲属不得干涉老年人离婚、再婚及婚后的生活	受传统家庭观念的影响，现实生活中老年人的结婚自由与离婚自由时常受到干涉，老年人的婚姻自由权的实现面临家庭子女、社会的阻碍
财产所有权	第二十二条明确规定：老年人对个人的财产，依法享有占有、使用、收益和处分的权利，子女或者其他亲属不得干涉，不得以窃取、骗取、强行索取等方式侵犯老年人的财产权益	老年人享有财产所有权是民事权利中最重要、最基本的权利之一，是老年人确立其社会地位的物质保障。许多家庭发生的关于养老纠纷的问题往往是老年人没有充分享有财产所有权的表现。保障财产所有权是保障老年人得到正常家庭照顾的前提
继承权	第二十二条明确规定：老年人有依法继承父母、配偶、子女或者其他亲属遗产的权利，有接受赠与的权利。子女或者其他亲属不得侵占、抢夺、转移、隐匿或者损毁应当由老年人继承或者接受赠与的财产	一方面，规定了老年人有权继承子女的财产；另一方面，在分割遗产时，应当优先顾到老年人的利益。当老年配偶间发生一方死亡的事实，生存方享有配偶身份的继承权。这是保障在意外发生时，老年人有基本的财产处置权利，减少老无所养的风险
住房权	第十六条明确规定：赡养人应当妥善安排老年人的住房，不得强迫老年人居住或者迁居条件低劣的房屋	住房权保障老年人基本的生存空间。住房是老年人基本生活的环境需求，一旦得不到保障，老年人将面临居无定所、老无所依的困难局面，这将严重影响老年人的正常生活
继续受教育权	第七十一条明确规定：老年人有继续受教育的权利	时代发展、知识更新，老年人需要接受新事物，需要与新时代发展相融合，这与国家终身教育发展相契合

续表

相关权利	具体内容	备注
劳动权	第七十条明确规定：老年人参加劳动的合法收入受法律保护	随着经济、卫生等条件的发展，部分退休老年人希望继续发挥余热和专业力量。社会应为他们提供劳动就业的机会
参与社会发展权	第六十九条明确规定：国家为老年人参与社会发展创造条件	社会参与可增加老年人对生活的控制感，能够在生活中找到意义，增强存在感、价值感

在为老年人提供权益保障服务时，首先，社会工作者应熟悉和了解《中华人民共和国老年人权益保障法》，注重培养权益保障的专业视角，敏锐察觉老年人权益保障难以实现的阻碍。按照案主自决的原则，运用专业的价值理念，系统地评估案主所在的处境，与案主一起探索适合的方式最大限度地保障老年人的权益不受损害。

其次，社会工作者密切关注与老年人息息相关的常见问题，针对相同或类似问题的老年人，开展工作坊、小组等服务，如：老年人虐待、隔代教育、婆媳相处等问题，相对系统地探讨如何更好地解决老年人问题，寻找理性的解决方式方法。

同时，社会工作者应加大相关法律、优惠政策的宣传力度，借助法律宣传周、社区教育法治课堂、社区敬老月等活动，采用体验式活动、案例示范、课堂讲授、敬老评选等宣传形式，营造社会敬老爱老的氛围，防止老年人受到歧视和侮辱，维护公平和正义。

面对权益损害时，一方面，老年人对法律政策不了解或了解不全面，或采用司法途径需要投入较多的时间、精力、金钱，老年人难以承受；另一方面，老年人受传统观念的影响，碍于情面，顾及家庭成员的颜面，往往选择默默忍受或忍气吞声。面对以上情况，社会工作者可协助老年人获取法律援助资源，适时为有需要的老年人联系专业律师，帮助老年人学会运用法律武器维护权益，重建或恢复老年人支持系统，争取家庭和社会更多的关注和支持。

2. 政策倡导的主要内容

社会工作者宣传现行的老年人相关福利政策，增加社会对老年人的认知，防止老年人受到虐待、歧视和侮辱，营造社会尊老敬老的氛围，推动老年友好社区建设。

社会工作者研究、分析与老年人相关的法律法规及社会政策在制定和执行过程中的不完善与不合理的内容，向有关部门提出相关完善意见和建议。

对比国内外老年人服务的先进经验做法，社会工作者结合当地实际情况，围绕老年人的福利政策、硬件设施建设、软件功能服务等内容，通过撰写提案、建议案、信息、媒体发布、调研报告等多种形式，向有关部门提出合理化的意见和建议，使老年人得到的服务更加完善。

（二）身心健康服务

随着年龄的增长，老年人的身体机能开始退化，各系统功能逐渐衰退，各种慢性病随之而来，身体健康状况成为影响老年人日常生活的主要问题，严重时甚至会让他们丧失吃饭、穿衣等基本自理能力。

随着身体的影响，老年人家庭地位和社会功能的降低，引发了老年人情绪波动和心理问题，孤僻、固执、偏执、抑郁、依赖、痴呆等成为老年人的代名词。生理变化是一种可预测的减退过程，而心理变化却受诸多因素的影响，如家庭环境、性格、社会支持系统完善程度、接纳老化的程度等。

身心健康对老年人自身、家庭、社会都有着正面的影响。老年人拥有健康的心态，保持适当的锻炼，可以减少疾病的困扰，还可以延缓器官的老化。因此，作为社会工作者，应该为老年人提供有利于身心健康的服务，使其积极老化。

1. 老年人的身体变化

生理机能的衰退是老年人的首要特征。衰老是所有生物必然经历的过程，不可逆转，其主要体现在身体器官衰退和功能障碍或者丧失。了解老年人身体变化特征和常见病症，掌握应对身体变化的常识，这是开展老年人服务的前提。社会工作者需要了解掌握老年人是如何正常老化，鼓励他们适量运动和自我照顾，提高身体机能，协助医务人员和康复师等辅助老年人保持健康的生活方式。老年人身体器官变化一览表见表7.2。

表7.2 老年人身体器官变化一览表

身体部位	变化特点	常见疾病
神经系统	突触传递脉冲变慢，出现老年斑块，神经纤维缠结，中枢神经递质减少	阿尔茨海默病，睡眠模式改变，夜间肌肉痉挛，帕金森病等
心血管系统	心肌细胞凋亡，心瓣膜增厚，血管老化，动脉硬化	高血压，冠心病，心脏瓣膜病，脑出血，蛛网膜下腔出血
皮肤系统	皮下脂肪变少，皮层变薄，表皮血液循环减慢，弹性减低，皮肤粗糙，再生变慢	瘀伤，老年斑，意外性低体温，皮肤癌等
骨骼肌肉系统	脊柱弯曲，肌肉细胞萎缩，肌张力和耐力减弱，关节表面软骨退化等	关节炎，肩周炎，骨质疏松，牙病等
胃肠道系统	食道变窄，胃液分泌减少，大肠肌肉蠕动变慢，唾液分泌减少等	便秘，胃炎，胃溃疡，腹泻，消化不良，腹胀等
呼吸系统	呼吸肌肉弹力下降、咳嗽反射功能减弱，纤毛数量减少，黏膜腺退化等	肺气肿，慢性支气管炎，咽炎，肺炎等
泌尿生殖系统	肾脏萎缩，肾小管重吸收能力下降，膀胱逼尿肌萎缩，括约肌松弛等	肾结石，肾炎，输尿管结石，尿失禁，前列腺炎等
内分泌系统	甲状腺体积缩小，肾上腺皮质变薄，腺体增生等	糖尿病，甲状腺病
感觉系统	触觉迟钝，瞳孔变小，晶体变黄，味觉、嗅觉功能降低等	青光眼，白内障，中耳炎等

2. 老年人心理状况

社会工作者根据老年人的情绪、行为等表现,结合老年人当下的处境(如退休不久或是老伴过世或是刚做了手术),综合分析老年人心理健康情况(不同状况表现出来的情绪、行为不同)初步评估老年人的心理问题,然后根据初步评估结果采取适合的介入方式。

当然,大部分老年人能够接纳变老的过程,可以逐渐适应老年生活。但当受一些事件影响,部分老年人会出现心理问题。如果短期内出现的不良状态,老年人可找出其中原因并进行消解;如果逐渐恶化,严重影响日常生活,甚至发展到病症的状态,老年人则需要及时就医。常见的心理问题包括但不限于以下内容:

(1)焦虑症。这是老年人的一种常见病,常见症状有头晕、胸闷、心悸、呼吸困难、口干、尿频、尿急、出汗、震颤和运动性不安等。主要是老年人担心失去控制和遇到危险或不幸,伴有紧张不安、注意力困难、记忆力差、健康感减退等,老年期焦虑症的高危人群多为身体残疾者、慢性病患者。老年人感到紧张不安,心烦意乱,缺乏耐心,遇事惊慌,手足无措,害怕飞来横祸。可以通过焦虑自测量表(表7.3)进行检测,如果属于轻度焦虑,就需要社会工作者多加开导,综合分析原因,教会老年人疏导方法,并通过家人多关注的方式进行化解,如果中高度焦虑,社会工作者向老年人及家属说明其中的危害,建议及时就医,通过药物治疗的手段,避免进一步恶化。焦虑自测量表见表7.3。

表7.3 焦虑自测量表

序号	问题	没有或很少时间	小部分时间	相当多时间	绝大部分或全部时间
1	我觉得比平常容易紧张和着急				
2	我无缘无故地感到害怕				
3	我容易心里烦乱或觉得惊慌				
4	我觉得自己可能要发疯了				
5	我觉得一切顺利,也不会发生什么不幸				
6	我手脚发抖				
7	我因为头痛、颈痛和背痛而苦恼				
8	我感觉容易衰弱和疲乏				
9	我觉得心平气和,并且容易安静地坐着				
10	我觉得心跳很快				
11	我因为一阵阵头晕而苦恼				
12	我晕倒过,或觉得马上要晕倒				

续表

序号	问题	没有或很少时间	小部分时间	相当多时间	绝大部分或全部时间
13	我吸气、呼气都很容易				
14	我手脚麻木、刺痛				
15	我因为胃痛和消化不良而苦恼				
16	我常常想小便				
17	我的手常常是干燥、温暖的				
18	我脸红发热				
19	我容易入睡并且一夜睡得很好				
20	我做噩梦				

计分：正向计分题 A、B、C、D 按 1、2、3、4 分计；反向计分题按 4、3、2、1 计分，反向计分题号：5、9、13、17、19。SAS 的主要统计指标为总分。将 20 个项目的各个得分相加，即得到粗分，用粗分乘以 1.25 以后取整数部分，为标准分。按照中国常模结果，SAS 标准分的分界值为 50 分。其中，轻度焦虑为 50~59 分；中度焦虑为 60~69 分；重度焦虑为 70 分以上。

（2）抑郁症。常有情绪低落、焦虑、思维迟缓和躯体不适等状况，病程较长，有缓解和复发的倾向，是老年人最常见的功能性精神障碍，会严重影响他们精神健康。老年人受长时间持续的抑郁情绪困扰，无法在任何乐趣的活动中找到快乐。这种情况常常由一些重大事件或环境变化而引起，如退休、丧亲、被虐待或冷落、长期患病等。如碰到相应的情况，社会工作者或家人应鼓励老年人尽早接受治疗，不要延迟，以防错失诊疗机会。抑郁症的治愈率相对较高，据统计在 80% 左右，只要患者愿意接受药物治疗，病情就会有明显改善。可使用老年抑郁量表（表 7.4）对老年人进行初步评估。

表 7.4 老年抑郁量表

姓名		出生日期		文化程度	
职业				性别	
序号	问题			是	否
1	您对生活基本满意吗				
2	您是否已经放弃了许多活动与兴趣				
3	您是否觉得生活空虚				
4	您是否厌倦现在的生活				

续表

序号	问题	是	否
5	您觉得未来有希望吗		
6	您是否因为脑子里一些想法摆脱不掉而烦恼		
7	您是否大部分时间精力充沛		
8	您是否害怕会有不幸的事情落到您头上		
9	您是否大部分时间感到幸福		
10	您是否常觉得孤立无援		
11	您是否经常坐立不安、心烦意乱		
12	您是否愿意待在家里而不愿去做一些新鲜事		
13	您是否常常担心将来		
14	您是否觉得记忆力比以前差		
15	您觉得现在活着很惬意吗		
16	您是否常感到心情沉重、郁闷		
17	您是否觉得现在这样生活毫无意义		
18	您是否总为过去的事忧愁		
19	您觉得生活很令人兴奋吗		
20	您开始一件新的工作很困难吗		
21	您觉得生活充满活力吗		
22	您是否觉得自己的处境很糟糕		
23	您是否觉得大多数人比自己强得多		
24	您是否常为一些小事伤心		
25	您是否觉得想哭		
26	您集中精力有困难吗		
27	您早晨起来很快活吗		
28	您希望避开聚会吗		
29	您做出决定很容易吗		

续表

序号	问题	是	否
30	您的头脑和往常一样明白吗		

计分方法：每个答案计1分。
1. 否 2. 是 3. 是 4. 是 5. 否 6. 是 7. 否 8. 是 9. 否 10. 是
11. 是 12. 是 13. 是 14. 是 15. 否 16. 是 17. 是 18. 是 19. 否 20. 是
21. 否 22. 是 23. 是 24. 是 25. 是 26. 是 27. 否 28. 是 29. 是 30. 否

30个题目中的10条用反序计分（回答否表示抑郁），另20条用正序计分（回答是表示存在抑郁）。每项表示抑郁的回答得1分。

最高分30分，得0~10分可视为正常，即无抑郁症；得11~20分为轻度抑郁症；得21~30分为中重度抑郁症。

（3）认知障碍。其是一种由生理原因引起的神经系统退行性疾病。典型症状为记忆障碍、失语、失用、失认、视空间技能损害、执行功能障碍以及人格和行为改变等。据相关资料显示，在85岁以上老年人中，认知障碍患病率可达20%~30%。阿尔茨海默病属于认知障碍中的一种，有三个阶段式的发展特征：第一阶段，明显症状是失去近期记忆，有轻微的个人变化，比如：社会退缩、易怒、否认等；第二阶段，记忆缺失比较明显，记不住任何新的信息，无法学习新技能，语言能力退化严重，情绪化严重；第三阶段，完全无法自理，认不出家庭成员，甚至连自己都不认识，生理活动丧失，走路、交流等能力完全丧失。抑郁症和认知障碍的区别见表7.5。

表7.5 抑郁症和认知障碍的区别

类型	症状特征	临床表现	认知特点	情绪特点
抑郁	负面的自我认知，昏昏沉沉，食欲不振，睡眠不佳	缓慢，与身体疾病、亲朋离世、环境变化有关系	精力难以集中，记忆功能少部分丧失，认知功能较强	失去兴趣和乐趣，沮丧、易怒、无力感强，担忧焦虑
认知障碍	记忆力差，无定位感，逻辑混乱，语无伦次	慢慢丧失认知功能，其他能力也随之下降，如自我照顾能力	忘记近期发生的事，交流困难，难以学习新知识，对方向、位置辨别困难	消极、退让、激动、焦虑

3. 身心健康方面的服务内容

针对老年人的身心健康，社会工作者可提供以下三方面的服务。

（1）针对身体健康的老年人，可培养他们健康的生活习惯，开展与健康、养生、兴趣爱好类相结合的社会服务。常见的服务方式如下：

①链接医生资源，开展老年人常见病防治、四季养生、健康理疗、护理照顾等相关的主题课堂，社会工作者作为资源链接者，一方面掌握老年人在健康方面的需求；另一方面

整合医生专业资源，为老年人答疑解惑，科学引导老年人掌握正确的健身和养生知识。

②整合社区正规中医药馆的资源，普及中医药的常识，开发针灸、艾灸、推拿、按摩等公益服务，组织经络操、八段锦等健身活动，实现老年人增长知识，减轻病痛，促进行动，扩大社会参与等目的。

③与社区老年组织合作，开展适合老年人身体锻炼需要的活动，如门球、乒乓球、羽毛球、广场舞、气排球等老年人热衷参与的活动，给老年人搭建展现风采的平台，激发老年人的活力，推动老年人社团组织发展。

以上活动并不能完全包含所有，社会工作者可根据老年人身体健康方面的需求，开发多种活动，但作为活动的组织者、资源的链接者、健康身心的陪伴者，活动宗旨应围绕建立老年人健康支持网络的核心，重点陪伴老年人形成规律、健康的生活习惯，携手家庭、社区共同关注并解决老年人的健康需求。

④为有特殊需要的老年人（如处在轻度焦虑、抑郁状态的）开展个案辅导服务。评估老年人的状态和需求，选择合适的介入手法，如认知行为治疗法、缅怀治疗法或者人生回顾等，增加老年人解决问题的信心，做出决定并寻求改变。

⑤针对需要照顾的老年人，社会工作者按照个案管理提供服务，为老年人建立一个服务提供者网络，帮助老年人完成生理、心理及社会等方面的综合评估，判断老年人的需求、能力以及挑战，关注包括居住环境、健康问题、日常照料等问题。例如，老年人近期患病住院后在家康复，日常起居需要有人照顾。社会工作者可帮助老年人制定康复计划和照顾安排；招募社区志愿者为其提供陪同就医、卫生清洁、陪伴康复等服务；可链接康复资源，帮助其指导康复训练，指导服药等服务；可链接社区资源为老年人提供慰问关爱、救助帮扶等服务；可根据老年人的需求适当时链接院舍资源，安排老年人入院并协助他们适应院内生活。

⑥引导老年人通过结识新朋友、增强体育锻炼或找知心人倾诉等方式，进行自我疏导，排解不良情绪，在无法改变环境与事实的情况下，改变看法、心境和应对方式，或者通过增强家属的开导技巧和心理疏导能力来关注老年人的身心变化。

社会工作者介入可运用认知行为疗法，首先，建立与老年人的专业联系，通过探讨面临的问题、澄清角色期望、正向案例示范、反问追问引导反思等多种方式，帮助老年人察觉存在的负面思想、信念和态度，意识改变的可能性；其次，帮助老年人识别出情境和感受的关系，引导并强化改变的可能性认识，从而促使老年人愿意为之做出改变行动的决心，采取积极主动的方法提升老年人的成就感；最后，通过刺激控制和行为训练，如重新规划生活作息表，学习和排练新的行为模式，按照新方法解决问题，巩固治疗过程，强化改变成果。

社会工作者也可采用缅怀治疗，或人生回顾帮助老年人处理负面情绪。

（2）若老年人的心理问题比较严重，有重度抑郁、自杀或严重认知障碍等危机情况发生时，社会工作者应立即采取行动，及时向老年人及其家属说明情况及风险，帮助其接受专业医生的治疗，建立多重防护网。

老年社会工作者在介入有自杀倾向的老年人服务中，应着重发挥预防的功能。一方面，通过鼓励支持老年人走出去，参加团体活动，扩大社交网络，建立较为广泛的支持系统，提高老年人的生活质量及控制力，杜绝老年人由于孤立无援、无助绝望而自杀；另一方面，建立专业医生、护士、家属的支持系统，遇到相应的问题，形成合力，采取较为有效的解决方案。此外，社会工作者应与家属、照顾者一起培养敏锐感，注意观察老年人日常的蛛丝马迹（如服药情况、言语表达、情绪状态），察觉并分析老年人抱怨、自杀想法和行为表征背后的意义，鼓励家属或照顾者肯定老年人的生命价值和存在意义。社会工作者的尊重、真诚、耐心和关注可以成为老年人的生命支撑。

（三）婚姻家庭服务

1. 婚姻家庭

婚姻家庭是根据个人的意愿，自由选择、成立并维持的成年人之间的自由关系，也是不能根据功利的理由而随意处置的、有着相同生活目标的亲属共同体。它是人们在晚年获得各种支持的重要载体。老年人所处的婚姻家庭状态对于其健康水平、经济来源、生活照料和社会互动等方面都会产生重要影响。

老年人的婚姻状态包括以下几种：未婚、已婚、再婚、丧偶、离异等，而且存在未婚率低、离婚率低，初婚有配偶的比例高，再婚有配偶的比例低，以及高龄老年人中女性老年人丧偶率高等特点。随着时代的变迁和社会的发展，老年人的婚姻选择也逐步从传统向追求情感自由的方向发展。

2. 婚姻家庭的服务内容

婚姻家庭服务的内容也从最初以政府提供的政策保障转向由各类社会力量提供多样化服务的局面。根据《指南》，家庭辅导服务主要包括以下内容：协助老年人处理与配偶的关系；协助老年人处理与子女等的家庭内代际关系；提供老年人婚恋咨询和辅导。

在不同婚姻家庭状态下，老年人的需求和面临的问题也不尽相同，如农村未婚独居老年人需要在家族的大家庭中寻找支持，已婚老年人面临因扮演不同角色而带来的情感维系、家庭关系处理、越位等，而对于离异或伴侣过世的老年人还面临着再婚及由此带来的一系列家庭关系互动和财产分配等问题。老年人的婚姻家庭需求见表7.6。老年人的婚姻家庭服务内容见表7.7。

表7.6 老年人的婚姻家庭需求

类型	困境或需求
未婚老年人	因无伴侣可能产生的情感依靠缺失问题； 部分老年人仍存在对婚姻的渴望，有社交方面的需求
已婚/再婚老年人	老年人夫妻出现沟通摩擦、经济压力等问题； 老年人与（继）子女认知、子女教育择业、隔代教育、生活等方面问题； 婆媳/翁婿相处不和的问题
离异/丧偶老年人	因情感破裂或失去伴侣带来的自我生活自理能力缺失困境； 可能出现的悲伤、痛苦等不良情绪和情感； 因需长期照顾或情感需要产生的社交乃至婚姻需求等

表 7.7 老年人的婚姻家庭服务内容

服务内容	服务细项	服务方法	扮演角色
生理方面	提供老年人身心特点方面的知识和服务，便于老年人更好地认识自己和伴侣	辅导、咨询；讲座、培训、小组；宣传活动、政策倡导	直接服务者、教育者、资源链接者
心理方面	提供老年人不同阶段出现的心理、情绪、情感认知；提供情绪疏导、压力缓解等咨询、辅导服务		直接服务者、辅导者、支持者
经济方面	提供有关婚姻法等法律方面的知识和服务		直接服务者、资源链接者
社会支持方面	发动朋辈、家庭和社区及社会资源，构建社会支持网络		资源链接者

（1）一般老年人的婚姻家庭需求。

（2）未婚老年人的个性化服务内容。

未婚老年人初步梳理出社会工作者可提供的服务，包括①协助未婚老年人加强家族或邻里的支持网络系统，充分发挥家族照顾功能；②号召社会各界、单位、街坊邻里多家关爱独居的未婚老年人，鼓励低龄老年人帮助高龄老年人，鼓励老年人互助，以提高自助、互助能力；③为有需求的未婚老年人提供婚姻社交的指导服务和资源链接服务。

（3）离异/丧偶老年人的个性化服务内容。

①微观层面：为老年人提供情绪疏导、情感指导和服务。

②中观层面：发动朋辈群体提供支持。

③宏观层面：构建社区等宏观层面社会支持系统。

（四）文化教育服务

1. 文化教育

文化教育是一种社会现象，它不仅是人们在长期生产劳动创造过程中形成的产物，也是一种历史现象。确切地说，文化是一个国家或民族的历史、地理、风土人情、传统习俗、生活方式、文学艺术、行为规范、思维方式、价值观念等的统称，是人类在社会历史发展过程中所创造的物质和精神财富的总和，它包括物质文化、制度文化和心理文化三个方面。老年人文化教育有着重要的地位和丰富的内涵。

2. 文化教育服务的内容

社会工作者通常分布在社区、日照中心、养老院、医院、福利院等服务点，这些服务点的老年人需求各有异同。大部分老年人都面对以下困境：如退出工作岗位的老年人可能面临调试身心以适应退休生活的需求；涉及财产分配的法律政策知识缺乏；照顾孙子女与参加社会活动时间的冲突；随迁老年人到子女工作地后由于人际关系的改变带来的各类适应问题；高龄独居的老年人健康获取知识渠道匮乏的问题；发展培养老年人兴趣特长的资源提供问题，等等。老年人在文化教育方面的需求离不开物质文化、制度文化和心理文化需求，本文将从以下三方面进行介绍。

（1）物质文化服务。

物质文化服务主要是指老年人为了更好地适应晚年生活而不可缺少的物质教育方面的服务。物质文化是指人类创造的种种物质文明，包括交通工具、服饰、日常用品等，是一种可见的显性文化。

基础服务如老年人的吃穿住行用方面的服务，包括居家安全服务、药品安全服务、送菜送餐服务/老年人食堂服务、外出交通安全服务、食品安全服务、环境安全服务、新环境适应服务等；其中特别需要注意农村或城市中独居/高龄老年人的安全服务、残障老年人的康复照顾服务，以及随迁老年人的适应新环境服务。比如，在全国多地开展的社区风险资源地图绘制，这样可以让老年人以最快速便捷的方式获取第一手信息，从而规避自然风险、社会风险等，其内容见表7.8。

表7.8 物质文化教育内容

序号	服务类型	服务内容	服务细项	服务形式	服务团队
1	吃	食品安全/文化	提供食品安全方面的知识和宣传，以及如何处理食物中毒的相关知识；提供患病/卧床老年人的饮食知识服务；开展各地美食文化交流	宣传单、讲座、视频、情境模拟、文化交流等	老年社会工作者组织、医务人员、老年大学等社会组织
2	吃	药品安全/文化	提供药品安全方面的知识和宣传，以及如何处理过期药品的相关知识		社会工作者组织、医务人员、药品方面公益组织
3	穿	服装、鞋帽安全/文化	提供旧衣物回收处理方面的知识；开展各地服饰文化交流		社会工作者组织、老年大学、回收方面公益组织
4	住	居家安全	提供居家安全知识和宣传；提供厕所、客厅、卧室、厨房居家改造知识和服务，如安全扶手安装（包括普通老年人、患病/卧床老年人等）	宣传单、讲座、视频、情境模拟、居家改造等	社会工作者组织、政府、社会组织

续表

序号	服务类型	服务内容	服务细项	服务形式	服务团队
6	行	步行安全	提供出行安全方面的宣传和知识	宣传单、讲座、视频、情境模拟等	社会工作者组织、交通部门、社会组织
7		交通安全			
8	用	用电安全	提供用电、用水、计算机、手机等工具使用安全等方面的宣传和知识		社会工作者组织、政府、社会组织
9		用水安全			
10		工具安全			
11		其他			

（2）制度文化服务。

制度文化是由三个层面组成的。一是传统、习惯、经验与知识积累形成的制度文化的基本层面，现代社会的发展促进了人口快速及大范围流动，以深圳等大型城市为例，全国乃至世界各地的人工作生活在这里，南方沿海部分地区的人群延续冬至祭祖的传统习俗，北方地区来的人每年冬至日有吃饺子的习俗等；二是由理性设计和建构制度文化的高级层面；三是包括机构、组织、设备等的实施机制层面。

人类的行为受思想、观念、精神因素的支配，然而人类行为实际又是一种群体的、社会的共同行为。所以文化的精神因素必然会反映、萌生和形成习俗、规则、法律等制度因素。当制度诸因素产生和形成之后，就会使人的精神因素通过制度因素转化成为物质成果，也就是人类行为或人类活动的收获。由此可见，制度文化作为文化整体的一个组成部分，既是精神文化的产物，又是物质文化的工具。

作为物质文化和精神文化的中介，制度文化在协调个人与群体、群体与社会的关系，以及保证社会的凝聚力方面起着不可或缺的显著作用，深刻影响着人们的物质生活和精神生活。社会工作者在制度文化方面提供的服务内容见表7.9。

表7.9 社会工作者在制度文化方面提供的服务内容

序号	服务类型	服务内容	服务细项	服务形式	服务团队
1	基本层面	传统、习惯、经验与知识形成的制度文化教育	提供传统习俗方面的交流、互动及展示服务	宣传、邻里节、图片展、视频等	社会工作者组织、老年协会、文化中心等
2	高级层面	法律法规和政府主管部门发布的制度等	提供婚姻、财产、遗产、遗嘱等方面法律法规知识和宣传	宣传、讲座、情境演绎、视频等	社会工作者组织、律师、政府等
3	实施机制层面	机构、组织、设备等层面的制度	提供组织文化、架构、制度设计和执行等方面的服务	组织孵化培育培训等	社会工作者组织、老年大学、民间组织管理局等

（3）精神文化服务。

为克服人类在感情、心理上的焦虑和不安，产生了精神文化服务，如艺术、音乐、戏剧、文学、宗教信仰等。人类借助这些表达方式获得满足，并维持自我的平衡与完整。

老年社会工作强调案主自决，老年人可按自己的需求、爱好、能力参与社会活动，享受幸福的晚年生活。从优势视角来看，重视老年人才资源开发和利用的，主要方法有以下三种。一是充分发挥老年人的智力优势、经验优势、技能优势，参与教育、信息服务、维护社会治安、参与社区建设等公益活动；二是推动老年社会组织和基层老年协会骨干培训；三是壮大老年志愿者队伍，建立老年志愿服务登记制度，倡导和支持老年人广泛开展自助、互助和志愿活动。社会工作者针对精神文化提供的服务内容见表7.10。

表7.10 社会工作者针对精神文化提供的服务内容

序号	服务类型	服务细项	服务形式	服务团队
1	艺术	开展书画、舞蹈、手工类课程和展示； 艺术类组织孵化培育	培训、邻里节、组织孵化培育等	社会工作者组织、老年大学、老年人协会等社会组织
2	音乐	提供作曲、作词、歌曲演唱类课程和展示； 音乐类组织孵化培育		
3	戏剧	提供国粹等戏剧文化传承课程和展示； 组织孵化与培育服务		
4	文学	提供文学阅读、创作等课程和展示； 文学类社会组织孵化与培育	培训、邻里节、组织孵化培育等	社会工作者组织、老年大学、老年人协会等社会组织
5	体育	提供舞剑、太极、跑步、游泳等体育类课程和展示； 社会组织孵化和培育		
6	休闲	提供棋牌、种花养鸟等方面的课程和展示		

老年社会工作者还可充分发挥老年人的智力优势、经验优势、技能优势，鼓励老年人利用所学所长，在科学普及、环境保护、社区服务、治安维稳等方面积极服务社会、奉献社会。培育老年教育领域社会组织和老年志愿服务团队发展，挖掘离退休老干部、老同志讲好中国故事、弘扬中国精神、传播中国好声音。

（五）安宁疗护服务

安宁疗护服务通常由多学科专业人员组成的团队提供，社会工作者在团队中、在团队与服务对象及家庭的互动中发挥着独特的作用。接下来，本文将分别介绍社会工作者在不同阶段和需求方面为老年人提供的服务内容。

（1）临终老年人的生理需求。

临终老年人的身体方面可能会出现的一些表现，如饮食兴趣降低、血压忽高忽低、出汗增加、呼吸不平稳，而在去世前几天，可能会出现精力旺盛，头脑不再混乱等回光返照现象，随之而来的是频繁坐卧不宁、呼吸不规律、循环不好，这个时候老年人的生命即将走到尽头。

首先，社会工作者需要注意临终老年人对卫生、外貌着装的需要，鼓励家属或照顾者协助老年人保持清洁卫生、着装干净整洁维护老年人最后的尊严。其次，关注临终老年人的疼痛协助专业护理人员做好反馈和支持。再次，留心观察老年人的细节动作，应用语言和触觉与其保持联系。听力往往最后消失，所以讲话应清晰、语气柔和。最后，社会工作者需要对居家环境进行评估，为老年人提供环境安静、光照适宜，以增加躯体安全感的环境，不要在床旁讨论老年人病情或失声痛哭，避免不良刺激。

（2）老年人的心理需求。

临终老年人的心理一般会经历5个阶段，分别是否认期、愤怒期、协议期、抑郁期、接受期。每个阶段社会工作者侧重的服务不尽相同。

在否认期，社会工作者与老年人之间坦诚沟通，不要轻易揭露老年人的防卫机制。应根据老年人对其病情的认知程度进行沟通，与其他医务人员及家属保持口径一致，耐心倾听老年人的诉说，维持老年人适当的希望，并经常陪伴老年人，使其安心并感受到护士的关怀。

在愤怒期，社会工作者应切记老年人的愤怒是发自内心的恐惧与绝望，不宜回避，要尽量让老年人表达其愤怒，以宣泄内心的不快，充分理解患者的痛苦，加以安抚和疏导，并注重保护其自尊心。

在协议期，此时期的心理反应对老年人是有利的，因为他能配合治疗并试图延长生命。社会工作者应主动关心老年人，鼓励其说出内心的感受，尽可能满足他们提出的各种要求，创造条件，实现老年人的愿望。

在抑郁期，社会工作者应多给予同情和照顾，让其家人陪伴，允许老年人表达其失落、悲哀的情绪，此时也不必考虑价值观，对老年人很小的愿望也要加以重视，帮助其实现，并加强安全保护。

在接受期，社会工作者应提供安静、舒适的环境，不要强求有互动行为，尊重其选择，并继续陪伴老年人，不断地给予适当的支持。

此时社会工作者的服务流程：开案—初步面谈与评估—拟订关怀照顾服务计划—执行方案—修订方案—临终规划—善后处理—遗属关怀。

（3）临终老年人的社交需求。

如身体条件允许，让临终老年人维持有积极意义的社交和互动是非常重要的。如完成未了的心愿、解决家庭成员间未了的事宜、事业上未解决的问题等。临终老年人身边的人（如家属朋友、护理人员等）可能囿于传统观念，避讳死亡。他们不能理解什么是安宁疗护，认为临终生活已没有价值，甚至表现出神情冷淡，语言生硬，动作粗鲁，不知该如何面对临终老年人。老年人也变得消沉，对周围的一切失去兴趣。社会工作者应改善老年人和他们的关系，使大家能和谐相处，共同度过最后在一起的时光。另外，组织支持小组，带领临终老年人和其他临终老年人交往并分享彼此对死亡的感受和想法，让他们不再孤单；对于住在医院的临终老年人而言，社会工作者可组建同群体俱乐部，通过音乐、绘画等艺术形式舒缓他们的心理负担和压力，也是非常重要的方式。社会工作者为临终老年人提供的服务内容及其面临的风险见表7.11和表7.12。

表7.11 社会工作者为临终老年人提供的服务内容

临终时期	生命剩余时间	工作目标	服务内容
准备期	6个月至几周	配备环境；建立信任关系；重视本人和家属的意见	收集临终老年人相关信息；评估临终老年人身体状况；评估居家环境空间；与临终老年人初步建立关系
开始期	几周	帮助临终老年人和家属做好心理准备；减轻不安；维持照料临终老年人日常生活	与临终老年人及其家属沟通确认关怀方案和方法；根据方案表提供服务（如身体与心理的服务、人生的回顾以及待处理的遗憾事件等）
危险症状期	几天	平静地过渡；安排临终老年人的朋友和熟人会面；安排临终老年人的亲属与其见面	增加访视次数；舒缓情绪和压力；适当生命教育；检视晚期服务方案的可行性；提供个别化的心理辅导服务（如余日生命计划表、预立遗嘱、财物及丧葬处理等）
晚期至临终期	几个小时或临终瞬间	帮助临终老年人接受死亡；帮助临终老年人给家属遗言；指导家属关怀与支持临终老年人	确保熟人的会面时间；减轻临终老年人的疼痛；做好家属情绪疏导与支持工作
离世后	—	离别；向逝者家属提供慰藉	提供逝者家属情绪疏导及支持服务；协调逝者家属办理相关事宜

第七章 老年社会工作服务内容

表 7.12 社会工作者在为临终老年人提供服务中面临的风险

存在的风险	解决方法
临终老年人尊严因生命活力降低而递减，个人权利也可能因身体衰竭而被剥夺，加速临终老年人死亡风险	社会工作者应维护和支持临终老年人个人权利，如保留个人隐私和生活方式
不少老年人在临终阶段会出现等待死亡的现象，认为生活已没有价值的消沉想法，对周围的一切失去了兴趣，降低了生活质量	社会工作者应正确认识和尊重临终老年人最后生活的价值，与其家属共同提高其生活质量是对临终服务对象最有效的服务，如共同回顾老年人生命中最有价值的时刻等
社会工作者因心理建设不足以及角色定位混乱，不仅调适不当无法保证服务质量，及可能产生的不适后果需承担责任	社会工作者面对生死的自我关注和自我照顾在服务过程中尤为重要，如在目击创伤性场面、过长的死亡过程等，若调适不当容易出现恐怖、害怕甚至负面情绪过多等情况。此时，社会工作者需及时寻找督导或单位的帮助。 在服务过程中，服务对象与家属有可能出现情绪崩溃、消极处理事件的行为，将部分决定授权给社会工作者，而社会工作者不应轻易承诺，应澄清自己的角色和职责

二、案例示范

（一）案例描述

最后一次对党的忠诚——我要将眼角膜献给社会

阿先（化名），男，80岁，入住某医院心血管内科，早年与妻子来深圳援建，育有一儿一女。长子因为工作需要经常出差，次女在身边照顾老两口。服务对象诉说自己有60多年党龄，改革开放之初响应国家号召来深援建，以前认为自己还是有用的，现在认为自己病痛缠身已经没用了，希望捐献器官后再安乐死，同时希望能通过器官捐献最后一次向党表达忠诚。服务对象病情反复，让家属感觉恐慌，特别是其女儿为照顾父母已辞职，为不令出差在外的兄长担忧而隐瞒了父亲的病情，独自承担了所有压力，尊重父亲器官捐献的决定。但服务对象的妻子还在犹豫中，而且儿子认为老年人已经这么痛苦了也不希望他捐献器官。

（二）案例评析

1. 基本资料

1 个案来源

医院心血管内科护士长找工作人员协助转介病患想捐献眼角膜需求事宜。

2 家庭情况

服务对象一家有4口人，早年与妻子来深圳援建，育有一儿一女，长子因工作需要经常出差，次女在身边照顾。

3 身体情况

（1）入院情况：服务对象有10年冠心病史，2014年再发，症状为胸闷痛、气促，被心血管内科诊断为"冠心病、房颤"，此后两年反复发作，多次入院。2016年10月，因"急性非ST段抬高性心肌梗死"入院，病况急转而下，医生告知家属，目前医院的治疗更多是稳定病情，需要做好各方面的心理准备。

（2）身体状况：服务对象身患冠心病、高血压、高脂血症、慢性肾功能不全等多种疾病，需插氧气管改善呼吸状况，意识清醒，说话清楚。

（3）行动能力：能短距离行走，但四肢无力，若长距离行走，则需借助轮椅。

（4）自我照顾能力：躺卧需由家属协助。

4 经济状况

改革开放之初来深圳援建，离休干部，经济状况较好。

5 情绪和心理状况

服务对象多病缠身，表情痛苦，情绪低落，希望能够捐献眼角膜给有需要的人，并将心脏捐给指定医院供医学研究使用。

6 人际关系

服务对象已退休多年，加上身体情况较差，出行次数减少，社交渐少。

7 支持网络

服务对象家庭完整，老伴身体不好，儿子因工作需要经常出差，其他亲人远在家乡，主要照顾责任落在女儿身上，因此女儿辞职在家照顾父母。

2. 问题分析陈述

工作人员赵海涛是深圳市融雪盛平社工服务中心派驻在医院的一名安宁疗护社会工作者，她通过与服务对象及其家属沟通，了解其综合资料分析得出以下主要问题。

1）服务对象痛苦加剧，希望安乐死

面对疾病痛苦，服务对象希望安乐死，认为器官捐献可以加速这一进程，也反映出服务对象已经开始思考死亡问题，工作人员可以考虑为服务对象提供安宁疗护服务，尝试从精神上舒缓其痛苦。

2）重要家庭成员反对服务对象捐献眼角膜的愿望

服务对象有捐献眼角膜和心脏的愿望，家庭成员意见不一致，重要家庭成员因情感上不能接受，反对服务对象捐献，而相关法律规定，在正式捐献阶段，必须获得直系亲属的许可，才能进入捐献环节。

3）家属面临服务对象病危即将离世的哀伤

近几年，服务对象多次因病入院救治后回家康复，然后又循环入院，家属长期承受随时可能失去亲人的痛苦，这种叠加压力和哀伤需要经过辅导才能排解。

3. 服务计划

1）介入目标

（1）总体目标。

工作人员通过精神干预社会工作方法协助服务对象捐献眼角膜愿望达成，即通过圆心愿让服务对象无憾离世。

（2）具体目标。

①通过引导服务对象进行人生价值追寻，从精神层面减少痛苦。

②通过协助服务对象处理家庭成员冲突，让服务对象和家人关系更加紧密。

③通过陪伴、情感支持和资源链接协助家属舒缓多重压力和哀伤情绪。

2）介入理论

精神干预社会工作方法：德里佐特斯建议，在传统的社会工作中可以加以调整纳入精神方法，协助老年人洞察过去精神方面的经历与当前的内部冲突，促进精神成长的死亡和行为方法，处理人生历程中的问题。在回顾人生时纳入精神要素，将对自我的超越、对意义的求索与他人的联结的需要等精神最核心的元素运用到人生价值追寻中，为即将离世做好准备。在本案例中，工作人员协助服务对象找回自身的精神支柱——共产主义信仰，让他找到自己这一生的价值所在，而且最后选择捐献眼角膜奉献给社会来向这个社会做最后告别，在相互的工作关系中工作人员也通过项目圆心愿的手法协助服务对象完成心愿。

精神医生恩格认为，人因失去所爱形成的心理创伤，其严重程度相当于一个受伤或烧伤的人在生理上承受的伤痛。他认为，悲伤代表脱离幸福与健康的状态，如同身体复原需要时间，哀伤者也需要一段时间恢复到平衡状态。在本个案中，家属面对服务对象的即将离去，内心非常难受，因此，工作人员必须做好服务对象家人的哀伤辅导工作，帮助其排遣哀伤情绪、给予他们精神支持。

3）跟进计划

第一阶段：工作人员与服务对象建立信任的专业关系，通过精神干预社会工作方法引导服务对象进行人生价值追寻。

第二阶段：工作人员为服务对象及家属讲解深圳器官捐献条例和注意事项，协助家属和解并支持服务对象完成心愿。

第三阶段：工作人员陪伴支持和链接资源协助家属舒缓多重压力并进行哀伤辅导。

4. 介入过程

（1）工作人员运用精神干预社会工作方法帮助服务对象厘清非理性认知并寻找回自己的精神支柱，双方建立信任的工作关系，达成服务目标和计划。

工作人员分别与服务对象及家属面谈，了解服务对象的基本情况和需求，运用尊重、鼓励表达、倾听、聚焦、一般化等技巧，协助服务对象阐明需求。

在本阶段的介入过程中，工作人员的主要任务是安抚服务对象的情绪，并运用精神干预社会的工作方法协助其进行人生回顾和人生价值追寻。服务对象诉说自己有60多年党龄，改革开放之初响应国家号召来深圳援建，以前于国于党还是有用的，现在认为自己疾病缠身已经没用了，希望器官捐献后再安乐死，工作人员及时对其开展临终关怀工作员服务。工作人员先赞赏服务对象的奉献精神，再解说目前安乐死即使在国际上也未被所有国家法律通过，我国也未能批准实行，服务对象表达理解。

服务对象病情反复让家属感觉恐慌，工作人员对长期照顾者（即女儿）进行心理疏导。她为照顾父母已辞职，为不令出差在外的兄长担忧而隐瞒了父亲病情状况，独立承担所有压力。工作人员给予安抚同时鼓励她告知兄长，兄长有知情权且能协助做决定还避免兄长未来可能产生的遗憾，家庭成员之间做好"道别、道谢、道歉、道爱"的情感交流对于他们来说具有非常重要的意义（前哀伤处理）。

（2）工作人员为服务对象及家属讲解深圳器官捐献条例和注意事项，协助家人和解并支持服务对象完成捐献志愿书签署。

工作人员讲解器官捐献服务是在尊重服务对象和家属决定的情况下，给予服务对象和家属正确的法律指引。服务对象希望能通过器官捐献最后一次向党表达忠诚，服务对象的女儿尊重父亲的决定，但服务对象的妻子还在犹豫中，儿子认为老年人已经这么痛苦了，不希望他捐献器官。服务对象却坚定表达"我可以自己决定！"，由于直系亲属的决定也是决定捐献是否成功的重要一环，因此，工作人员讲解器官捐献服务是在尊重服务对象和家属决定的情况下，给予服务对象和家属正确的法律指引，建议家庭成员开家庭会议做进一步的沟通，希望家庭成员尽量支持服务对象的捐献心愿。在获得家属同意的基础上，工作人员联系红十字会器官捐献办公室专职人员将资料上传至信息库，将器官捐献卡领取和发放到家属手中，然后第二阶段的介入核心是运用圆心愿的方法协助服务对象减少遗憾。

（3）服务对象逝世后完成眼角膜捐献工作，协助家属进行后事安排及处理哀伤情绪等。

护士长通知工作人员服务对象病危，工作人员及时联系红十字会协调员跟进法律手续。家属从医生处了解到服务对象即使抢救成功，预后也不佳后，接受不进行抢救，让服务对象减少痛苦。服务对象死亡后，协调员联系眼科医院专家来院摘取了眼角膜，完成捐献工作。

服务对象妻子独自一人在病房外恸哭，工作人员适时陪伴在她身旁安慰并做哀伤辅导。老年人倾诉夫妻两人是20世纪50年代老牌理工大学生，一辈子奉献给国家，无怨无悔，看到丈夫进入CCU（冠心病监护病房）抢救内心极度悲伤，她表达真希望丈夫走得舒服些！妻子的感受是其哀伤情绪的投射，通过宣泄逐步平静下来。此时，子女在CCU为服务对象进行遗体处理结束，将从社区党委办公室申请的党旗覆盖在遗体上。红十字会协调员主持会同眼科医生、家属、工作人员一起为服务对象举行了一场肃穆而庄严的遗体告别仪式。工作人员协助家属收拾服务对象遗物，为家属提供殡仪后事安排指引。

临终关怀服务见表7.13。

表 7.13 临终关怀服务内容

临终阶段五大心理阶段	心理历程	服务对象	介入重点	专业反思
1. 否认期	不可能是我！你们弄错了	服务对象；家属	服务对象希望通过安乐死逃避痛苦，精神干预社会工作协助服务对象进行人生价值追寻；鼓励家庭成员沟通，共同面对死亡结果	安宁疗护指标出现后，协助服务对象及家属做好面对死亡的恐惧
2. 愤怒期	为什么是我	—	—	—
3. 协议期	不错，是我，但是……	家属	存在期待，要求老年人继续治疗，不同意捐献器官。工作人员尊重服务对象并提供陪伴支持	冲突全都是因为爱，协助家庭成员共同面对问题，达成和解需要时间
4. 抑郁期	是的，就是我	服务对象；家属	选择安乐死来逃避痛苦，精神和情感需求支持；预期性哀伤处理，家庭成员道别，必要时提供后事支持	哀伤无法消失，但可通过积极干预舒缓
5. 接受期	我已经准备好了	服务对象；家属	捐献同意书签署。联系红十字会器官捐献办公室和协调员工作；家属签署不做有创性抢救同意书，让服务对象安然离世；举行遗体告别仪式和哀伤辅导	深圳法律条例和相关社会组织促进安宁关怀事业发展和器官捐献实现；家属做消极"安乐死"的决定必然会挑战家属的感情

5. 评估

1）评估方法

完成目标的评估。

2）目标达成情况

工作人员通过精神干预社会工作方法协助服务对象进行人生回顾，服务对象在追寻自己人生价值的过程中阐明自己坚定的共产主义信仰及始终希望有益社会的崇高信念，他自觉自愿签署捐献志愿书，期间工作人员联系深圳红十字会器官捐献办公室工作人员将捐献书资料入库登记和领卡。在病房里，工作人员真诚服务，陪伴服务对象及家属，在服务对象逝世后工作人员联系深圳红十字会器官捐献协调员完成捐献眼角膜法律手续，并完成了眼角膜摘取术。工作人员协助服务对象圆满完成了心愿，目标成效明显。服务对象及其家属信任工作人员，家属通过微信发送信息，对工作人员表示了感谢。

6. 结案

结案原因：因服务任务完成，且服务对象死亡，服务关系自动结束，工作人员协助处理后事后逐渐减少了与家属联系的次数。

7. 专业反思

在本案例中，工作人员初次尝试运用精神干预社会工作方法结合服务对象信仰开展项目服务，且取得了一定成效。

问题思考

1. 如果你是老年社会工作者，怎么看待老年人安乐死？
2. 如何理解并应对老年人在临终时的五大心理特点？
3. 如何处理家属与服务对象对死亡的不同意见？

三、实训任务

（一）案例描述

2020年春节，正值万家团圆、阖家欢乐、喜气洋洋之时，新冠肺炎疫情却突如其来，席卷了中华大地。全国各地防疫举措铺天盖地，确诊病例日益增多，政府部门加大管理举措，关闭各大人群集聚场所，呼吁市民尽量减少外出，出门戴口罩。人们的传统习惯被打破，生活空间被局限，社交圈子被截断，娱乐方式被改变，疫情影响了千家万户。

疫情也引发了赵阿姨家的家庭战争。疫情期间，赵阿姨全家都宅在出租屋里，生活空间比较小，面对面相处时间比较多，外出的机会基本为零。朋友、亲戚、老乡也因为疫情影响不能登门拜访。老两口用不惯智能手机，很少通过微信视频等方式联系亲友。随着"大眼瞪小眼，越瞪越不对眼"日子的增多，摩擦逐渐升级，为鸡毛蒜皮的小事也可以吵得不可开交。赵阿姨的老伴在一次争吵之后离家出走，走的时候还带走了家里的存折和现金。赵阿姨非常生气，觉得生活没了希望，试图自杀了结生命。

（二）案例分析及进展

深圳市南山区惠民综合服务社的社会工作者在防疫走访中敏锐地发现赵阿姨的情绪异常，经过进一步沟通，将她家发生的事件判断为家庭冲突伴危机干预案例，并立即进行紧急介入。

首先对服务对象进行初步评估，分析服务对象正面临以下问题。

（1）经济方面：服务对象面临沉重的生活负担。

老伴将所有收入拿走，服务对象无子女可依靠，工作无望，平时仅靠微薄的退休金和打零工维持生活，而且面临的出租屋房租压力不小。

（2）心理方面：服务对象的情绪状态极度不稳。

服务对象自尊心比较强，面对老伴的离家出走、长久的争吵、生存的压力、无子女可依靠，生活的各种不如意充斥，脾气暴躁、易怒，情绪处在崩溃的边缘。服务对象对生活失去信心，不能自我察觉自身已经陷入极端状态，缺少情绪宣泄的方式和方法。

（3）社会方面：服务对象支持系统严重缺失。

由于和老伴关系恶化，原来相互扶持的结构发生了重大变化，又无子女可依靠，服务对象的支持系统严重缺失，服务对象因自尊心较强，碍于面子而自行斩断外界所有的支援路径，陷入孤立无援的境地，短时间内没有可以依靠和信赖的关系能帮助她渡过难关。

另外，运用认知行为疗法、危机介入策略，改变服务对象消极悲观的认知，重建其生活信心。

社会工作者在跟服务对象接触的过程中，发现赵阿姨认定老伴脾气难以改变不会再回来，自己一个人应对这么多难题实在超出个人承受的能力。老年社会工作者引导服务对象从老伴的日常顾家的表现等方面分析老伴因为生气，离家出走只是一时冲动，而且对于目前困难，可有多种可解决办法，如通过跟亲友联系寻找支持，解决一时的困难并不难，等疫情解除后可以工作，情况就会好转。实在没办法的时候，还可以通过申请临时困难补助等方式解决燃眉之急。赵阿姨经过社会工作者的劝导，原来认定日子没法过了的固化概念得到转变，悲观情绪得到安抚，极端想法出现转机。社会工作者了解到赵阿姨目前比较紧缺一些防疫物资，社会工作者对赵阿姨的处境表示担忧，提出下次给赵阿姨带一些过来。社会工作者通过传达关心、关怀，并整合机构的防疫物资，带给赵阿姨安全感，也缓解了她的焦虑情绪，弥补了她社会支持系统的不足。

（三）实训作业

在上述案例的实施过程中，社会工作者应如何介入以疏导赵阿姨的情绪？如何建立赵阿姨的支持系统？请思考并提出解决方案。

四、巩固提高

1. 知识回顾

（1）老年人权益保障的主要内容是什么？社会工作者应如何介入权益保障和政策倡导？

（2）老年人身心变化有哪些？社会工作者应如何介入？

（3）老年人婚姻类型有哪些？如何介入老年人的婚姻家庭服务？

（4）社会工作者应如何介入老年人文化教育服务？

（5）临终老年人的需求有哪些？社会工作者在安宁疗护过程中提供的服务有哪些？应如何应对在此过程中遇到的风险？

2. 实训案例

案例一：邵婆婆，70岁，老伴早已过世，育有两个女儿，大女儿居住在美国，小女儿居住在益田村。邵婆婆平时跟小女儿一起生活。

2010年，邵婆婆被诊断患有严重的骨质疏松症，但因女儿忙于工作而且没有相关医护照顾经验,邵婆婆的病情进一步恶化,最终导致无法站起。女儿赶紧送她去医院就诊,医生要求老年人立即动手术治疗。虽然手术比较成功,但邵婆婆下半身失去独立行走及站立的能力,再也没能站起来。

老年人在家卧床必须有专人陪护照顾,生活起居都很成问题,其小女儿为邵婆婆申请入住益田社区颐康之家,办理好手续之后,于2017年4月正式入住。社会工作者和康复师第一时间对邵婆婆的身体和心理状况进行了初步评估,发现邵婆婆还患有轻度认知障碍,对入住颐康之家非常抵触,不配合社会工作者、护理人员、康复师。

益田社区颐康之家是由深圳市福田区福安养老事业发展中心承接运营,以社区嵌入式综合养老体系的方式运作,旨在打造没有围墙的养老模式。面对以上问题院长第一时间召集老年社会工作者、康复师和护理人员召开个案会议,对邵婆婆进行会诊。

邵婆婆的问题及需求如下:

生理方面:轻度认知障碍,骨质疏松导致下半身无法独立行走,卧床多年,有改善身体健康状况和照顾生活起居的需求。

心理方面:入住前两年邵婆婆还处于术后静养期,无法开展康复训练,从入住第三年才开始进行康复训练。第一阶段,抗拒被女儿安排入住养老院,对康复、护理员的康复计划十分抵触。第二阶段,已逐渐可以行走,但老年人对康复师、护理员过度依赖,不愿意独立行走。

社会交往方面:不愿意跟其他老年人交流,有提高社交兴趣、协助其融入院内生活的需求。

颐康之家针对邵婆婆的情况开展专项个案会议,会议由院长主持,每周一次,护理员、老年社会工作者、康复师均需对老年人的情况进行会诊。形成第一阶段康复策略如下:

社会工作者:首先,院舍生活适应——通过颐康之家开设的"阳光聊天室",每天定期陪伴邵婆婆,提供情绪疏导;其次,社会工作者组织开展手工/绘画文娱活动——扩大邵婆婆的社会交往面,适应院内生活及防止邵婆婆脑退化。最后,其与女儿约定,下班后抽时间陪伴邵婆婆一起晚餐,以及提供康复时的陪伴,以降低其焦虑感。

康复师:首先,联合护理员怀抱式搀扶邵婆婆,用助行杆帮助其康复3~4个月;每天结合步态行走仪增加她的肌力及步态训练,改善其步行功能。其次,组织团队训练等手法协助邵婆婆进行康复训练(此时老年人已能自主坚持康复训练)。最后,定期评估邵婆婆的康复情况,并及时进行干预治疗,包括康复治疗、饮食治疗以及药物治疗。

护理员:护理员照顾邵婆婆生活起居并及时进行健康监测、健康档案管理等服务。

该个案仍在跟进中。

思考:通过上述案例,社会工作者如何与不同专业人员进行合作?第一阶段的服务策略中还有哪些服务可以补充的?如果进入第二阶段,作为社会工作者,你打算如何介入?

案例二:康阿姨,湖南人,62岁,2018年搬到深圳市龙华区跟儿子同住。康阿姨平时喜欢唱歌跳舞,可入住一年多了,她对社区仍然不太熟悉,也不愿意出门,对儿子表达过有点儿不适应当下的生活。儿子让康阿姨多出来走动,2019年10月,听说党群服务中心可以为老年人服务,她就找到了深圳市新现代社工服务中心运营的民治社区党群服务中心的社会工作者进行咨询。

康阿姨首先向社会工作者表达了日常生活无聊，每天在家做家务，也不认识什么朋友，希望找一些姐妹一起唱歌跳舞打发时间。经过初步面谈，社会工作者了解到康阿姨的歌唱得非常棒，曾经在南山区住过一段时间，参加过"阳光妈妈"社团学唱歌，感觉可以打发时间，还很开心，希望在现在住的小区也加入类似的社团组织。社会工作者告知康阿姨，其他小区有类似的组织，但目前她住的小区还没有。康阿姨表示可以先找一些喜欢唱歌的姐妹一起唱歌也行。康阿姨表示老年社会工作者认识的老年人多，希望帮忙发动招募一些组员。

社会工作者随后与康阿姨建立了服务协议，目标之一是协助康阿姨成立一个歌唱组织。社区社会工作者先推荐了5名老年人参与了这一组织，随后康阿姨与组员们协商约定每周周一至周五上午10—11点在小区里排练，社会工作者负责给每位组员在网上下载并打印歌词及歌谱。随着排练的次数越来越多，越来越多人员要求加入，不到半年时间已发展了25名成员。社会工作者根据年度计划和社区的需求，计划为康阿姨争取上台表演的机会，目前已组织所有成员召开了一次座谈会，也积极邀请组织成员参加社区举办的老年人生日会，提升了成员对组织和社会工作者的信任，这也提升了康阿姨对组织的信心和动力，她表示自己想进一步提升自组织的整体水平。

这时，康阿姨的困惑来了：成立社会组织对自己来说是一件非常难的事情，想做但不知道该怎么办。

通过这个案例，你认为作为社会工作者在推动老年人参与文化教育服务方面和支持老年人组建文体类社会组织方面，应发挥什么样的作用？

案例三：身处农村的王阿姨，69岁，家庭经济收入尚可。全家共同生活在自家建的房子里。她有两个儿子，都已经结婚生子。因为分家的问题，大儿媳与二儿媳关系恶化，大儿媳认为婆婆较偏袒二儿子家，也因此与王阿姨产生了分歧，婆媳关系进一步恶化。后来，大儿子在外打工，遭遇不幸，其所在公司给了经济补偿金善后。大儿媳用补偿金在城里买了房子，独自带领儿女生活，自从搬离以后很少再回婆家，因此孙子、孙女陪伴王阿姨的时间更少了。王阿姨整日以泪洗面，惦念儿子，懊恼当时不应该让他出去，身体状况也逐渐变差，头会不自觉地摇晃，只要邻居或亲戚一提起这事就忍不住哭诉，她自己也十分清楚，不能这样下去，但每次又控制不住自己。老伴经常开导她，劝她想开点，至少还有二儿子可以依靠。

作为社会工作者，你将如何介入和帮助王阿姨解决问题，请根据所学内容制定介入计划。

3. 专业思考

本书涵盖的老年社会工作服务内容有老年人权益保障和政策倡导服务、身心健康服务、婚姻家庭服务、文化教育服务、安宁疗护服务，请比较国内外学者的观点，思考老年社会工作服务内容还可以涵盖哪些内容。

第八章　老年人长期照护

一、基础知识

（一）长期照护的定义

长期照护，又称长期护理，国内外研究者和机构对长期照护概念的界定有很多种，本书主要介绍以下几种。

Kane 等对长期照护的定义是在一段持续的时期，给予那些因伤、残、障而导致身体机能正经历长期的失能或困难者的帮助，长期照护服务是指那些弥补个体功能减退的服务，或旨在恢复或提高个体功能的服务。

Evashwick 认为，长期照护是指一系列在非正式或正式基础上提供的健康及与健康相关的支持性服务，对象是那些有长期功能障碍的人，目标是最大限度地发挥个体的独立自主性。

Cha 对长期照护的定义是在一个相对长的时期里，提供给那些因为老化、慢性病或者心理和生理功能性缺损而导致丧失自我照料能力的老年人的个体照料服务、健康照料服务和社会支持服务。

我国学者邬沧萍认为，老年人长期照护是由于老年人因生理、心理受损、生活不能自理，因而在一个相对较长的时期内、甚至整个生命存续期内都需要他人给予的各种帮助的总称。主要内容包括日常生活照料、医疗护理照料（包括在医院临床护理、预后的医疗护理、康复护理和训练）等。其特色是通过服务的提供，减少、恢复或弥补不能独立行动的损失和增强行动能力。

世界卫生组织将长期照护定义为由非正规照料者（家庭、朋友或邻居）和专业人员（卫生和社会服务）进行的照料活动体系，以保证那些不具备完全自我照料能力的人能继续得到其个人喜欢的以及较高的生活质量，获得最大可能的独立程度、自主、参与、个人满足及人格尊严。

综上所述，目前对长期照护概念看法较为一致的是个体由于意外、疾病或衰弱造成身体或精神受损而导致日常生活不能自理，在一个相对较长的时期里，需要他人在医疗护理、日常生活或社会活动中给予广泛帮助，以减轻功能障碍，提高生活自理能力。虽然长期照护可针对任何人，但通常是指老年人长期照护。其主要服务对象是身体有功能障碍者且需要他人帮助日常生活的人，目标是增进或维持身体功能及独立生活能力，内容包括从饮食起居照料到医疗护理服务的一系列长期服务，发生场所可以是医院、照护机构、社区、家庭等。老年人长期照护是相对于临时或短期照护而言的，通常为6个月以上。长期照护的概念起源于已经老龄化的西方社会，虽然不同学者和机构对其概念的阐述不尽相同，但大多包含了一些共同的要素，如照护时间、照护服务内容、照护对象、发生场所，等等。

老年人长期照护主要是为了提高生活质量而不是解决特定的医疗问题，是用于满足基本需求而非特殊需求。它是介于老年养老服务与医疗服务之间的一种中间照料服务，通常可达半年或数年以上，甚至在生命存续期内都需要他人给予各种帮助。随着我国老龄化社会的迅速推进，"如何养老"已成为全社会面临的巨大挑战。因此，人们需要改变传统的养老观念和完善养老照护模式，整合全社会各种资源，合力应对老龄化问题，推行长期照护模式。

（二）长期照护服务的特点

1. 专业性

专业性是指提供长期照护的场所可能是专门的机构性设施，如养老院、护理院；也可能是家庭。以家庭为场所的长期照护服务则需要由有组织和经过培训的居家照护服务者来提供。这是因为仅传统的非专业照护（如一般家庭照护）已经不足以使患病或失能老年人维持正常生活。

2. 持续性

持续性是指照护要持续很长时间，甚至是无限期的。需要长期照护的老年人通常患有短期内难以治愈的各种疾患或长期处于残疾和失能状态。

3. 连续性

连续性是指为老年人提供不间断的照护服务。例如，一位老年人患病住进了医院，在医院接受手术治疗后，还需要康复干预才能逐步恢复健康；有些人恢复得比较缓慢，或者难以完全治愈，在这种情况下，他们可能需要家庭病床服务或住进护理院。连续性照护就意味着从家庭到医院，中间包括社区、医疗站、日间照护、护理院、康复中心、姑息治疗机构等一系列提供各类服务的单位。

4. 融合性

融合性是指保健和生活照料相结合。长期照护所提供的服务已经超出传统保健范围，扩展和延伸到日常生活领域，涉及老年人的饮食起居。在护理院和养老院服务中这个特点比较明显。社区服务中的家政服务和日间照护也属于长期照护的范围。正如前面介绍到的，有些老年人（特别是高龄老年人）处在患病和日常生活能力弱化的状况中，单一的医疗保健服务不能满足他们的需求，他们需要的是集医疗护理和生活照护于一体的综合服务。长期照护便是针对这种需求产生的新型保健模式。

（三）长期照护模式

依据服务提供对象和服务发生场所的不同，老年人长期照护可分为家庭式、养老机构式、社区—居家式。其中，家庭式是指老年人居住在家庭，由家庭成员提供服务，即传统意义上的照护方式。机构式是指老年人住在福利机构或者医疗机构，由机构内的专业人员提供服务。社区—居家式是指社区内的专门机构或组织向居住在家庭或小型社区机构的老年人提供长期照护服务。目前，我国尚未建立起完善的老年长期照护体系，老年人长期照护仍然以传统的家庭式长期照护为主，社会化的长期照护所占比例极低。

1. 家庭式长期照护模式

家庭式长期照护是传统伦理道德的要求，符合我国老年人的养老观念。家庭式长期照护的主要特点包括以下三方面。

（1）家庭式长期照护是三种模式中唯一写入我国宪法，由法律保护的模式。

（2）以家庭为长期照护单元，独立完成长期照护。

（3）以生活照料、精神慰藉为主，专业化的医疗护理依赖于专业医疗护理机构。

由家庭赡养老年人不仅是我国传统道德伦理的要求，同时也是《宪法》和《中华人民共和国老年人权益保障法》的要求。长期以来，家庭照护即由家庭负责老年人的长期照护是不争的事实。在这种模式下，老年人居住在家庭环境中，家庭成员承担了对老年人经济支持、生活照料和精神慰藉的全部责任。这种模式符合我国传统的"孝道"文化，是我国老年人首选的长期照护模式。对老年人而言，家庭中的照护资源最直接、最便利、最可靠。在家庭中接受长期照护，不仅经济实惠，还能够让老年人享受到亲人的关心和帮助，对老年人的身心健康很有益处。随着社会经济的发展，我国的家庭规模、结构和功能都在发生变化。在多年施行计划生育政策，在核心家庭和"空巢家庭"出现、人口流动性增强、家庭成员专业知识不足等多种因素作用下，一方面，老年人无法得到足够的照料；另一方面，家庭在提供老年人长期照护方面的负担越来越重。老年人迫切需要寻求家庭之外的长期照护资源。

以单个家庭作为长期照护的基本单元，家庭成员独立进行和完成长期照护。鉴于我国传统伦理道德的要求和老年人传统养老观念的需求，它成为目前我国老年长期照护的基本模式，此种模式：老年人居住在自己的家庭中，由家庭成员对老年人承担经济、生活和社会心理支持的全部责任。然而，随着经济社会的发展进步和计划生育国策的实施，居住方式和家庭结构的变化使传统的家庭养老模式受到挑战。家庭结构小型化，"4-2-1"的倒三角格局，使空巢老年人家庭比例不断升高，居家养老功能弱化。由于"空巢家庭"的出现、人口流动性增加和住房条件等诸多因素的限制，老年人越来越难以得到足够的舒适的照料,家庭在提供老年人长期照护服务方面的负担也日益加剧。因此,为老年人寻求家庭之外的、对家庭长期照护起辅助支撑作用的长期照护模式势在必行。

2. 养老机构式长期照护模式

随着经济的发展和社会的进步,多种性质和形式的老年长期照护机构相继涌现,如老年公寓、敬老院、福利院、托老所、老年人服务中心等。然而,长期照护机构对服务对象的照护不规范化、不专业化、分级制度不规范也备受人们的诟病。《老年人社会福利机构基本规范》(MZ 008—2001)根据老年人日常生活自理能力的不同性和需要,将机构中的照护对象分为自理老年人(一般照顾护理)、介助老年人(半照顾护理)、介护老年人(全照顾护理),现状却是部分机构执行自定分级标准或根本没有分级。(长期照护机构所提供的服务分为日常生活照料服务、医疗护理专业服务和特别照顾服务三大类,一些机构往往只实施日常生活照料服务,康复、日常保健等服务功能没有得到有效发挥;机构内的专业护理人员只占少数,大部分照料人员以一般的护工为主。)杨建军指出,机构式养老虽可以减轻老年人家庭负担;有能力提供专业化、科学、及时的护理,但使政府和社会财政负担重,资源没有得到有效整合和合理利用,而且目前老年人观念上不太接受,不愿远离自己居住的家庭和社区去机构接受长期照护。这些都严重影响并削弱了长期照护机构服务的整体水平和服务质量,服务对象的满意度不高,没有实现机构和服务对象的"双赢"。

养老机构长期照护模式的特点:①老年人集中居住在特定的机构中,得到专业和连续的服务;②机构及其工作人员是专门为老年人服务的;③"三无""五保"老年人的一切服务由国家付费,其余老年人需要自己付费或家属为其付费;④投资建设机构和添置床位成本高。

我国较早的长期照护机构兴起于20世纪50年代后期,农村的敬老院集中供养"五保"户(保吃、保穿、保住、保医、保葬),城市的福利院主要收养"三无"老年人(无劳动能力、无生活来源、无赡养人和抚养人)。这些机构为政府直属、直办、直管,属于非营利性福利机构。随着社会经济的发展,出现了多种性质和形式的老年人长期照护机构,如老年公寓、护老院、护养院、托老所、老年人服务中心等,在服务对象、服务内容和服务层次上都有了极大的拓展。国家通过颁布相关法规,鼓励社会力量兴办的社会福利机构,并对提供长期照护的机构进行管理监督和审查,促进了机构式长期照护的规范化发展。

我国机构式长期照护虽然发展较早且卓有成效,但远不能适应快速老龄化现状,不能满足老年人迅速增长的长期照护需求。另外,我国仍属于发展中国家,"未富先老"是我国基本国情,较为薄弱经济基础决定了不适宜将机构式长期照护作为主要的发展模式;此外,机构照料的非人性化等弊端在西方发达国家已为社会诟病,在老年人照护方面,西方也在逐渐回归社区和家庭。因此,少走弯路,寻求非机构式老年人长期照护,是我国在老年人长期照护的发展过程中应当注意的问题。

3. 社区—居家式长期照护模式

社区作为提供居家养老服务和照料护理服务的基础平台,往往起着承接公共服务、提供便利服务、组织教育培训、进行健康教育和实行行业管理的重要作用。杨建军指出,居家—

社区式长期照护模式使老年人可以不离开居住的家庭和熟悉的社区，又能得到相对专业化和多方面全方位较完整的养老照护服务，老年人的服务满意度非常高。由于传统养老观念和中国老龄化的基本特点，老年人对居家养老非常偏爱，该模式越来越受到人们的推崇，社区—居家式长期照护模式应该是适合国情且被社会接受的最主要的长期养老照护模式。

特点：社区—居家式长期照护是家庭式和机构式相结合的一种模式，作为一种新的长期照护模式，有以下特点：①老年人居住在家中，而不是居住在任何的机构中；②照护活动多发生在老年人居住地，即在家中和所在社区；③服务内容包括了老年人的日常生活照料，医疗护理服务以及精神慰藉，分为专业人员提供的专业性服务和非专业人员提供的协助照料服务；④长期照护服务由社会或社区的专门组织和机构中的专业人员和从业人员及少量志愿者提供，不同于家庭式长期照护，是社会化的服务形式；⑤政府通过购买服务等形式，在不同程度上负担各种长期照护服务所产生的费用。

社区—居家式长期照护的发展得益于我国对居家养老的大力提倡。居家养老服务是指政府和社会力量依托社区，为居家的老年人提供生活照料、家政服务、康复护理和精神慰藉等方面服务的一种服务形式。20世纪80年代，民政部倡导的社区服务中的为老服务可以看作社区—居家式长期照护的开端。2001年6月，民政部启动"社区老年服务星光计划"，"星光老年之家"成为社区为老年人提供生活服务的机构。随后，我国相继制定并出台了相关的政策性文件，全面对居家养老进行部署和试点探索。各地居家养老服务（试点）也取得了一定的成效。在此基础上，老龄委等10部委于2008年1月下发《关于全面推进居家养老服务工作的意见》（以下简称《意见》），指出居家养老是对传统家庭养老模式的补充与更新，是我国发展社区服务，建立养老服务体系的一项重要内容。《意见》明确了居家养老的基本任务，制定了推进居家养老服务工作的各项保障措施。

然而，居家养老并不等同于老年人社区—居家式长期照护，两者之间相互融合，各有特色。在服务内容方面，居家养老涉及养老的方方面面，范畴大于社区—居家式长期照护，不仅包括生活照料类、医疗护理类、精神慰藉类等两者共有的服务类型，还包括法律维权类、文化娱乐类等老年人生活的诸多其他方面的服务。在服务对象方面，居家养老的"老"，是指代所有老年人，即只要年龄达到60岁，便自然成为居家养老的服务对象，享受居家养老的各种服务；老年人社区—居家式长期照护的服务对象，是在前者"老"的基础上，专门针对社区或家庭中身心功能障碍者且需要依赖他人帮助日常生活的人，是一个相对较小的对象范围。在服务形式方面，两者基本是相同的，无论是各种上门服务，还是社区内暂托服务，均由相应的社区机构（如居家养老服务中心）提供，两者之间均可以相互借鉴。在财政支持上，均可采取政府购买服务、社会购买服务、低偿服务、有偿服务（自己购买服务）、志愿者服务等方式。在服务提供者方面，均可分为非专业和专业的服务提供，分别负责解决老年人不同方面不同技能水平的问题。

（四）老年长期照护内容

1. 服务对象

老年患者长期照护服务对象为慢性病患者和失能、失智的人（老年人构成此类人的绝大多数）。有两方面原因促进长期照护对象迅速发展，其一，老年人口的迅速增长，使当前的长期照护服务和相关资金预算得到了最大限度地利用，年龄是影响长期照护服务利用率的决定性因素；其二，在医院紧急救护医疗保健制度下预期付费措施的实施，发达国家按照诊断相关组付费，我国要求缩短住院天数，提高床位周转率，这些均促使医院让具有较多居家照顾需求的患者较早出院，以减少患者的住院时间。由于人寿命的延长，严重失能及具有长期照护需求的居家老年人将日益增多。因此，长期照护的服务对象不仅包括脆弱、失能老年人，也包括出院后的"亚急性"老年患者。有学者指出，外伤、手术、晚期、慢性病、恢复期、年老体弱、痴呆、失能、永久残疾的老年人都可能需要长期照护。

2. 服务内容

老年患者长期照护服务内容包括健康照顾、个人照顾、精神慰藉、预防、康复、社会支持、临终关怀等。欧洲经济合作与发展组织指出，长期照护的服务内容包括医疗监测、缓解疼痛、药物管理和康复、预防、基本日常生活活动等，一般由专业机构提供。长期照护也提供健康、社会、居家、转运及其他方面支持的服务，目的是促进接受服务者独立、自主地生活。

3. 服务场所

老年患者长期照护的服务场所包括有接受照顾者的家、接受照顾者的朋友或家庭成员的家、成人日间服务中心、辅助生活设施、安养院、护理院等。我国老年患者长期照护的场所主要包括接受照顾者的家、接受照顾者家庭成员的家和养老机构。

4. 服务体系

我国的社区卫生居家养老服务体系仍在建设中，目前开展的有心理咨询、社区护理、健康指导、社区干部上门走访、邻里互助、老年人活动俱乐部和医院志愿者服务队，并设置了社区文化中心、活动中心，开办了老年大学，受到老年人及其家属的热烈欢迎，取得了良好的社会影响。但老年人的文化娱乐、心理关怀、生活照护、医疗护理服务等各方面的活动相对独立，而且未建立一个以解决老年人健康问题为目的、以专业长期照护为核心的多专业合作团队体系。生活照护仅仅是老年人的基本需要，医疗和护理照护与精神关爱才是老年人更高层次的需要，老年人长期关注和需要的是整体健康。我们应从人作为一个不可分割的整体的角度来思考老年人的健康问题，我们需要医师、护理师、心理咨询师、营养师、康复师、药剂师等专业力量的共同协作，运用科学的工具对老年人具体情况进行评估，然后为其制定全方位的、个性化的长期健康照护计划，将其身心各方面的健康问题加以解决，使老年人享受到最高水平的健康状态和更高品质的生活。在多专业合作团队体系中，与老年人接触最多的专业人士是护理人员，因此，护理人员是多专业合作团队体系的中心成员，责无旁贷地承担起了全面管理、各方面协调和居家照护的重要责任。

5. 服务主体

目前，我国老年人社区卫生长期照护的服务人员，由社区护士、护工、养老护理员和志愿者服务队组成。社区护士主要负责疾病护理、健康教育、预防保健等；护工、养老护理员主要负责房间内卫生、生活护理、康复护理、陪同聊天、代购、取药、送老年人去医院等；志愿者服务队主要帮助老年人测量血压、测血糖、讲解健康知识等。而目前这些护工和养老护理员受过专门培训的比例太低，绝大多数未经过专门培训，知识贫乏，难以适应长期照护需求。据有关失能老年人生活质量的调查发现，失能老年人生活质量得分显著低于一般老年人，并且经常感到抑郁、自卑。这就意味着长期照护迫切需要具有生活照料、医疗照顾与精神关爱三方面知识与技能融于一身的全科护理人才，即专业护理人员或社区护理专家的出现能够将不同层次的护理人员、各种专业力量整合起来，共同为老年人解决健康问题。

6. 服务模式

由于我国长期照护研究刚处于起步阶段，其相关模式尚未形成，一些研究者提出了一些合理化的策略与建议。徐祖荣、李颖奕认为我国长期照护模式要注意从社会学的角度构建：①明确服务重点；②重视评估需求、评价服务水平；③重视预防、保护老年人的残有功能、听取服务对象意见；④进行团队资源整合、多专业协作；⑤社区专业化发展照护能力，各专业人员不仅具备全面的专业知识，能全面评估老年人的需求，并对老年人的特点和各方面需求有着深刻的认知度和敏感度，还要有良好的个人品德素质，尊重个体、尊重生命、尊重个人价值观和世界观等。黄天雯站在护理学的角度认识到我国老年慢性疾病患者在出院后，不能得到相关的延续医疗护理服务和康复治疗指导服务，遂提出应先从医院开始，建立老年护理专业架构、成立老年专科护理小组，有针对性地制定老年慢性疾病患者出院健康照护计划，然后在医院与社区之间建立联系，由社区来具体实施老年慢性疾病患者居家长期照护计划的模式。

7. 社会保障制度

我国社会保障制度的初步建立是在20世纪50年代。当时，民政部门开始对"三无"老年人提供社会救助，提供救助金或免费居住机构给贫困老年人。对于需要长期居家照护的失能或残障的老年人来说，长期照护的费用是一个很大的问题，仅依靠自身的退休金和社会救济难以支付。

（五）目前影响老年人接受长期照护的因素

1. 费用承受能力有限

老年人由于退休、自身劳动能力减弱等原因，退休金和自身存款成为其主要经济来源，经济来源单一，收入欠佳，经济承受能力较差，无法承受机构高昂的护理和服务费用。现行的城镇基本医疗保险明确规定不予支付特别护理和日常护理等服务性项目的费用，明确将长期照护费用排除在外，这无疑阻碍了老年人对长期照护服务的获取。

2. 传统观念的影响

一些老年人受传统观念的束缚，心里秉承"养老归根"的理念，不愿去服务较好的养老机构，宁愿待在家中接受不正规、不专业的护理或者缺少照料，而且还要承受巨大的经济压力，此外老年人之所以不把养老照护机构当作首要选择，还因为家里感觉温馨热闹，而养老机构没有亲人的陪伴与呵护，老年人感觉失落与寂寞，心理满意度与愉悦度不高，这也会影响他们的身体恢复和精神慰藉。也有部分子女认为送老年人去养老院是不孝行为，极不体面，宁愿置老年人于家中，自己承受巨大的经济压力，担当照顾老年人的责任，让家里的老年人在晚年生活可以感受家的温馨温暖。

（六）老年人长期照护需求评估方式

1. ADL 常用评定量表

ADL 在康复医学中指日常生活能力，反映了人们在家庭（或机构内）和社区中最基本的能力，是康复医学中最基本和最重要的内容。ADL 分为基本的或躯体的日常生活活动能力（BADL 或 PADL）、工具性日常生活活动能力（IADL）。

BADL 评定常用量表有 Barthel 指数、Katz 指数、PULSES、修订的 Kenny 自理评定等。IADL 常用量表有功能活动问卷、快速残疾评定量表。

（1）Barthel 指数。
① Barthel 指数评定内容见表 8.1。

表 8.1 Barthel 指数评定内容

ADL 项目	自理	稍依赖	较大依赖	完全依赖
进食	10	5	0	0
洗澡	5	0	0	0
修饰	5	0	0	0
穿衣	10	5	0	0
控制大便	10	5	0	0
控制小便	10	5	0	0
上厕所	10	5	0	0
床椅转移	15	10	5	0
行走	15	10	5	0
上下楼梯	10	5	0	0

② 评定标准：总分为 100 分。
③ 结果分析。
100 分表示日常生活活动能力良好，不需要依赖他人。
高于 60 分评定为良，表示有轻度功能障碍，但日常基本生活基本自理。
41～60 分表示有中度功能障碍，日常生活需要一定的帮助。
21～40 分表示有重度功能障碍，日常生活明显需要依赖他人。
低于 20 分为完全残疾，日常生活完全依赖他人。

注意：高于 40 分的患者治疗效益最大。

（2）Katz 指数。

①评定内容。Katz 指数又称 ADL 指数，根据人体功能发育学的规律制定，有 6 项评定内容，依次为洗澡、穿着、上厕所、转移、大小便控制、进食，6 项评定内容按照由难到易的顺序进行排列，不宜随意改变次序。

②评定分级。Katz 指数把 ADL 功能状态分为 A～G 七个功能等级，A 级为完全自理，G 级为完全依赖，从 A 级到 G 级独立程度依次下降。

A 级：全部 6 项活动均能独立完成。
B 级：能独立完成 6 项活动中的任意 5 项，只有 1 项不能独立完成。
C 级：只有洗澡和其他任意一项不能独立完成，其余 4 项活动均能独立完成。
D 级：洗澡、穿着和其他任意一项不能独立完成，其余 3 项活动均能独立完成。
E 级：洗澡、穿着、上厕所和其他任意一项不能独立完成，其余两项活动均能独立完成。
F 级：洗澡、穿着、上厕所、转移和其他任意一项不能独立完成，其余一项可独立完成。
G 级：所有 6 项活动均不能独立完成。

（3）PULSES 评定。

PULSES 评定时一种总体功能评定方法，包括 6 方面的内容，具体如下。

①评定内容。

躯体状况（Physical Condition，P）：指内脏器官如心血管、呼吸、胃肠道、泌尿、内分泌、神经系统疾患。

上肢功能及日常生活自理情况（Upper Limb Function，U）：指进食、穿衣、穿戴假肢或矫形器、梳洗等。

下肢功能及行动（Lower Limb Function，L）：指步行、上楼梯、使用轮椅、身体从床移动至椅、或从椅移动到床、用厕的情况。

感觉与语言交流功能（Sensory Component，S）：指与语言交流（听、说）和视力有关的功能。

排泄功能（Excretory Function，E）：指大小便自理和控制程度。

精神和情感状况（Mental and Emotional Status，S）：指智力和情绪对家庭和社会环境的适宜能力。

②评定标准。每方面分为 4 个功能等级，分别评为 1～4 分，各项评分相加后得出总分。

总分的评判标准：
6 分为功能最佳，各项功能均基本正常。
高于 12 分，提示独立自理能力严重受限。
高于 16 分，提示有严重残疾。

功能活动问卷（问患者家属）见表 8.2。

表 8.2 功能活动问卷（问患者家属）

姓名　　　　性别　　　　年龄　　　　诊断

项目	正常或从未做过，但能做（0分）	困难但可单独完成或从未做（1分）	需要帮助（2分）	完全依赖他人（3分）
每月平衡收支的能力，算账的能力				
工作能力				
能否到商店买衣服、杂货和家庭用品				
有无爱好，会不会下棋和打扑克牌				
会不会做简单的事，如泡茶等				
会不会准备饭菜				
能否了解最近发生的事件（时事）				
能否参加讨论和了解电视、书籍或杂志的内容				
能否记住约会时间、家庭节目和吃药				
能否拜访邻居，独自乘公共汽车				
总分				

（4）评分标准：从评分可知，分数越高障碍越重，正常标准为低于 5 分，若高于 5 分则为异常。

2. 关于 ADL 量表的选用

单纯评定 BADL：首选 Barthel 指数。

评定 BADL+认知功能：首选功能独立性评定量表（表 8.3）。

评定 IADL：首选功能活动问卷。

表 8.3 功能独立性评定量表

姓名　　　性别　　　年龄　　　诊断

项目				评估日期		
运动功能	自理能力	1	进食			
		2	梳洗			
		3	洗澡			
		4	上身穿脱			
		5	下身穿脱			
		6	如厕			
运动功能	括约肌控制	7	排尿			
		8	排便			
	转移	9	床、椅、轮椅间			
		10	厕所			
		11	浴盆，淋浴			
	行走	12	步行/轮椅			
		13	上下楼梯			
	运动功能评分					
认知功能	交流	14	理解			
		15	表达			
	社会认知	16	社会交往			
		17	问题处理			
		18	记忆			
	认知功能评分					
FIM 总分						
评估人						

（1）评分标准。

7分：完全独立：能在合理的时间内，规范地、完全地完成活动，不需要修改活动，也不需要辅助设备或用具。

6分：有条件的独立：在完成该活动中，需要辅助设备或用具；或需要较长的时间；或存在安全方面的顾虑。

6~7分为不需要他人帮助，自己可以独立完成。

5分：监护或准备：需要有人在旁边监护、提示或规劝，或帮助准备必需的用品，或帮忙佩戴矫形器具，但两人间没有身体的接触。

4分：少量帮助：需要他人接触身体帮助完成活动，自己能起75%的作用。

3分：中等量帮助：需要他人接触身体，提供更多帮助，自己仅能起50%~75%的作用。

3~5分属于有条件的依赖。

2分：大量帮助：需要他人接触身体并提供大量帮助才能完成活动，自己仅能起25%~50%的作用。

1分：完全依赖：几乎需要在他人接触身体并提供完全的帮助才能完成活动，自己能起的作用仅在25%以下。

1~2分属于完全依赖。

（2）结果判断。

功能独立性评定量表的最高分为126分（运动功能评分91分，认知功能评分35分），最低分18分。根据评定结果，可分为3个等级：独立（108~126分），有条件依赖（54~107分），完全依赖（18~53分），也可分为7级，见表8.4。

表8.4 功能独立性评定量表分级

评分	分级
126分	完全独立
108~125分	基本独立
90~107分	有条件的独立或轻度依赖
72~89分	轻度依赖
54~71分	中度依赖
36~53分	重度依赖
19~35分	极重度依赖
18分	完全依赖

二、案例示范

（一）案例描述

79岁的杨大爷因患帕金森症、高血压等疾病，家属无法为其进行全天候护理而入住了老年福利院。在入住机构时，工作者为其进行了ADL测定，并根据综合结果将老年人定为三级护理对象。

（二）案例评析

1. 明确老年长期照护的目标

（1）界定和矫正老年人日常生活功能的缺少。

（2）通过各种服务以补偿老年人日常生活的缺失。

（3）预防老年人日常生活功能的损害。

为此，需进行需求评估，可使用 ADL 和 IADL。

2. 老年长期照护中的个案管理对象选择

（1）身体、心理身体、心理、社会功能有多重损害的老年人。

（2）需要两种或以上服务的老年人。服务需求是否可由家属满足；是否只有入住机构才能获得较好照护服务。

（3）高龄老年人。

（4）具有短期而紧急的服务需求如安宁疗护的老年人。

（5）接受不适当、不符合其所需服务的老年人。如机构老年人应接受再评估，以检查是否适宜居住机构，还是重回社区。

（6）缺乏非正式支持的老年人；对于低收入或濒临贫困的老年人，都需要特别关注。

3. 老年长期照护中的个案管理团队

专业性护理，由专业护理师提供；看护护理，由护士提供；物理治疗，由康复师或医生提供；语言治疗，由语言治疗康复师提供；心理和社会服务，由社会工作者提供。

4. 长期照护中的个案管理功能

（1）评估老年人适应环境挑战的能力。

（2）评估老年人家庭及其他非正规资源的照料能力。

（3）评估社区正式照料系统的资源状况。

（4）促使老年人运用个人资源适应环境挑战。

（5）促使老年人家庭及其他非正规资源扩充照料能力。

（6）通过对老年人家庭及其他非正规资源与正式机构服务提供者的有效协调和整合，给老年人提供充分服务资源。

（7）促成老年人家庭及其他非正规资源与正式机构照料系统间有效互动。

（8）评估老年人不断改变的需求。

（9）评估老年人是否从家庭和其他非正规资源、正式照料系统中得到充分支持。

（10）评估家庭和其他非正规资源是否与正式机构服务进行有效协调和整合，协调整合程度如何。

5. 个案管理在老年长期照护中的具体运用

（1）案主的筛选。

两类老年人：一是即将进入养老机构的老年人，称为机构延缓型；二是中度病弱老年人，称为市场需要型。前述几类老年人也可作为筛选标准。筛选标准根据服务模式、工作理念、目的等而有所差异。

（2）与老年人专业关系的建立。

运用会谈技巧，充分沟通、理解和信赖是关键。

（3）对老年人及其问题、需求、环境进行初步评估。

确认残存能力、问题表现、期望服务内容、环境限制和障碍，资源量和可利用程度等，为设计服务方案做准备；需考虑支付能力以及服务管理成本。

评估工具：除 ADL 和 IADL 评估外，还可以运用其他综合量表对问题、需求和资源进行评估，见表8.5。

表8.5 休斯的老年人全面需求评估模式

		专业人员意见		案主意见	家人或照料者意见
		个人问题	内外资源		
个人层面	老年人整体问题				
	情绪				
	健康				
	应付日常生活				
	居住环境				
	经济				
	娱乐……				
家庭层面	家庭成员和联系				
	婚姻关系……				
社区网络层面	邻居和社区关系				
	社会保障				
	机构服务……				

（4）服务计划的制定。

计划内容：服务目标及其先后次序、服务策略、服务提供者。

需要明确社区内的养老服务项目；还要明确老年人的资源，包括内在（个人能力和家庭支持等）和外在资源（即社会支持，邻居、朋友、亲属、志愿者、团体、正式服务机构等）。

（5）资源的协调与计划的实施。

社会工作者充当协调者、服务提供者、倡导者角色。帮助老年人主动实施计划；协助其分析存在的障碍；计划实施训练演练。

（6）监督与再评估。

①监督服务资源的协调、执行状况和老年人的改变，需求的满足状况。

②评估包括结果评估和成本评估。

（7）结案。

当照料计划的目标大部分已被实现，且老年人也表达了满意结果，可考虑结案。

三、实训任务

（一）实训案例

2013年12月，为了让多病的母亲得到专业的养老护理，唐绍林把母亲送进了鱼峰老年人康乐园。从此，他每天下班后都要带上母亲喜爱的食物，到康乐园陪母亲聊天、谈心,等晚上9点多母亲睡下后才离开。旁边一些老年人的孩子看了既惭愧又不解,既然把老年人送进了养老院,有什么必要天天来看呢?唐绍林总是笑笑,"我妈天天都要看到我才开心,我也要天天看到她才放心。"天天如此,大家都说唐绍林是孝敬父母的好榜样。在他的感召下,那些很少来看望父母的子女也有意识地经常过来了。

12月11日早上,记者到达康乐园时,唐绍林正推着坐在轮椅上的母亲唐阿婆在康乐园的小院子里与其他老年人聊天。唐阿婆今年79岁了,患多种疾病,因病退休以来,每天都在与病魔抗争。

考虑到自己一是工作忙,二是不专业,不能很好地照料病重的母亲,唐绍林2013年年底让母亲入住鱼峰老年人康乐园。在这里,唐阿婆不仅能够得到专业人员的悉心照料,还能与其他老年人一起聊天、娱乐,心情比在家里愉悦很多。

虽然把母亲送到了养老院,唐绍林却是牵肠挂肚。每天下班,他都会带上母亲喜爱的食物来到康乐园看望——葡萄是必带的,因为母亲患有高血压,听说吃葡萄对她身体有益。有时,唐绍林还会应母亲要求带上她喜爱的艾粑粑、烧鸭等食物。只要是母亲要求吃的食物,他都会尽量满足。每天离开前,唐绍林还会细心地为母亲洗脚。如果时间充裕,唐绍林还会带母亲去看电影。他说,只要看到母亲开心,他就开心了。

唐绍林认为,把母亲送到养老院是为了让她得到更好的照顾,而不是像某些人想象的那样把老年人送入养老院后就不管了。他说,"小时候,我家中的生活很困难,母亲不仅把我们四姐弟养大,还收养了四个孤儿。那时,因为口粮紧张,她竟将亲生儿子送到乡下老家,把孤儿留在身边。我母亲真是太伟大了!也正是因为母亲的大气,我早早学会了自立、坚强,这对我后来的成长有很大的影响。"说到这些,唐绍林泪光闪烁,唐阿婆也不禁落下了眼泪。"母亲非常爱孩子,现在是她需要我的时候,她希望每天都看到我……"

(二)案例分析

(1)思考机构长期照护模式和家庭长期照护模式各自的优缺点。
(2)请用ADL量表分析唐阿婆接受机构长期照护的需求评估。

四、巩固提高

1. 知识回顾

(1)老年长期照护的定义。
(2)老年长期照护的特点。
(3)老年长期照护的模式。
(4)老年长期照护的具体内容。

2. 专业思考

(1)立足我国国情和传统观念,如何构建完整的老年人长期照护体系?
(2)影响老年人接受长期照护的因素还有哪些?

附录1 中华人民共和国老年人权益保障法

第一章 总 则

第一条 为了保障老年人合法权益,发展老龄事业,弘扬中华民族敬老、养老、助老的美德,根据宪法,制定本法。

第二条 本法所称老年人是指六十周岁以上的公民。

第三条 国家保障老年人依法享有的权益。

老年人有从国家和社会获得物质帮助的权利,有享受社会服务和社会优待的权利,有参与社会发展和共享发展成果的权利。

禁止歧视、侮辱、虐待或者遗弃老年人。

第四条 积极应对人口老龄化是国家的一项长期战略任务。

国家和社会应当采取措施,健全保障老年人权益的各项制度,逐步改善保障老年人生活、健康、安全以及参与社会发展的条件,实现老有所养、老有所医、老有所为、老有所学、老有所乐。

第五条 国家建立多层次的社会保障体系,逐步提高对老年人的保障水平。

国家建立和完善以居家为基础、社区为依托、机构为支撑的社会养老服务体系。

倡导全社会优待老年人。

第六条 各级人民政府应当将老龄事业纳入国民经济和社会发展规划,将老龄事业经费列入财政预算,建立稳定的经费保障机制,并鼓励社会各方面投入,使老龄事业与经济、社会协调发展。

国务院制定国家老龄事业发展规划。县级以上地方人民政府根据国家老龄事业发展规划,制定本行政区域的老龄事业发展规划和年度计划。

县级以上人民政府负责老龄工作的机构,负责组织、协调、指导、督促有关部门做好老年人权益保障工作。

第七条 保障老年人合法权益是全社会的共同责任。

国家机关、社会团体、企业事业单位和其他组织应当按照各自职责,做好老年人权益保障工作。

基层群众性自治组织和依法设立的老年人组织应当反映老年人的要求,维护老年人合法权益,为老年人服务。

提倡、鼓励义务为老年人服务。

第八条 国家进行人口老龄化国情教育,增强全社会积极应对人口老龄化意识。

全社会应当广泛开展敬老、养老、助老宣传教育活动,树立尊重、关心、帮助老年人的社会风尚。

青少年组织、学校和幼儿园应当对青少年和儿童进行敬老、养老、助老的道德教育和维护老年人合法权益的法制教育。

广播、电影、电视、报刊、网络等应当反映老年人的生活,开展维护老年人合法权益的宣传,为老年人服务。

第九条 国家支持老龄科学研究,建立老年人状况统计调查和发布制度。

第十条 各级人民政府和有关部门对维护老年人合法权益和敬老、养老、助老成绩显著的组织、家庭或者个人,对参与社会发展做出突出贡献的老年人,按照国家有关规定给予表彰或者奖励。

第十一条 老年人应当遵纪守法,履行法律规定的义务。

第十二条 每年农历九月初九为老年节。

第二章 家庭赡养与扶养

第十三条 老年人养老以居家为基础,家庭成员应当尊重、关心和照料老年人。

第十四条 赡养人应当履行对老年人经济上供养、生活上照料和精神上慰藉的义务,照顾老年人的特殊需要。

赡养人是指老年人的子女以及其他依法负有赡养义务的人。

赡养人的配偶应当协助赡养人履行赡养义务。

第十五条 赡养人应当使患病的老年人及时得到治疗和护理;对经济困难的老年人,应当提供医疗费用。

对生活不能自理的老年人,赡养人应当承担照料责任;不能亲自照料的,可以按照老年人的意愿委托他人或者养老机构等照料。

第十六条 赡养人应当妥善安排老年人的住房,不得强迫老年人居住或者迁居条件低劣的房屋。

老年人自有的或者承租的住房,子女或者其他亲属不得侵占,不得擅自改变产权关系或者租赁关系。

老年人自有的住房,赡养人有维修的义务。

第十七条 赡养人有义务耕种或者委托他人耕种老年人承包的田地,照管或者委托他人照管老年人的林木和牲畜等,收益归老年人所有。

第十八条 家庭成员应当关心老年人的精神需求,不得忽视、冷落老年人。

与老年人分开居住的家庭成员,应当经常看望或者问候老年人。

用人单位应当按照国家有关规定保障赡养人探亲休假的权利。

第十九条 赡养人不得以放弃继承权或者其他理由，拒绝履行赡养义务。

赡养人不履行赡养义务，老年人有要求赡养人付给赡养费等权利。

赡养人不得要求老年人承担力不能及的劳动。

第二十条 经老年人同意，赡养人之间可以就履行赡养义务签订协议。赡养协议的内容不得违反法律的规定和老年人的意愿。

基层群众性自治组织、老年人组织或者赡养人所在单位监督协议的履行。

第二十一条 老年人的婚姻自由受法律保护。子女或者其他亲属不得干涉老年人离婚、再婚及婚后的生活。

赡养人的赡养义务不因老年人的婚姻关系变化而消除。

第二十二条 老年人对个人的财产，依法享有占有、使用、收益和处分的权利，子女或者其他亲属不得干涉，不得以窃取、骗取、强行索取等方式侵犯老年人的财产权益。

老年人有依法继承父母、配偶、子女或者其他亲属遗产的权利，有接受赠与的权利。子女或者其他亲属不得侵占、抢夺、转移、隐匿或者损毁应当由老年人继承或者接受赠与的财产。

老年人以遗嘱处分财产，应当依法为老年配偶保留必要的份额。

第二十三条 老年人与配偶有相互扶养的义务。

由兄、姐扶养的弟、妹成年后，有负担能力的，对年老无赡养人的兄、姐有扶养的义务。

第二十四条 赡养人、扶养人不履行赡养、扶养义务的，基层群众性自治组织、老年人组织或者赡养人、扶养人所在单位应当督促其履行。

第二十五条 禁止对老年人实施家庭暴力。

第二十六条 具备完全民事行为能力的老年人，可以在近亲属或者其他与自己关系密切、愿意承担监护责任的个人、组织中协商确定自己的监护人。监护人在老年人丧失或者部分丧失民事行为能力时，依法承担监护责任。

老年人未事先确定监护人的，其丧失或者部分丧失民事行为能力时，依照有关法律的规定确定监护人。

第二十七条 国家建立健全家庭养老支持政策，鼓励家庭成员与老年人共同生活或者就近居住，为老年人随配偶或者赡养人迁徙提供条件，为家庭成员照料老年人提供帮助。

第三章　社会保障

第二十八条 国家通过基本养老保险制度，保障老年人的基本生活。

第二十九条 国家通过基本医疗保险制度，保障老年人的基本医疗需要。享受最低生活保障的老年人和符合条件的低收入家庭中的老年人参加新型农村合作医疗和城镇居民基本医疗保险所需个人缴费部分，由政府给予补贴。

有关部门制定医疗保险办法，应当对老年人给予照顾。

第三十条 国家逐步开展长期护理保障工作，保障老年人的护理需求。

对生活长期不能自理、经济困难的老年人，地方各级人民政府应当根据其失能程度等情况给予护理补贴。

第三十一条 国家对经济困难的老年人给予基本生活、医疗、居住或者其他救助。

老年人无劳动能力、无生活来源、无赡养人和扶养人，或者其赡养人和扶养人确无赡养能力或者扶养能力的，由地方各级人民政府依照有关规定给予供养或者救助。

对流浪乞讨、遭受遗弃等生活无着的老年人，由地方各级人民政府依照有关规定给予救助。

第三十二条 地方各级人民政府在实施廉租住房、公共租赁住房等住房保障制度或者进行危旧房屋改造时，应当优先照顾符合条件的老年人。

第三十三条 国家建立和完善老年人福利制度，根据经济社会发展水平和老年人的实际需要，增加老年人的社会福利。

国家鼓励地方建立八十周岁以上低收入老年人高龄津贴制度。

国家建立和完善计划生育家庭老年人扶助制度。

农村可以将未承包的集体所有的部分土地、山林、水面、滩涂等作为养老基地，收益供老年人养老。

第三十四条 老年人依法享有的养老金、医疗待遇和其他待遇应当得到保障，有关机构必须按时足额支付，不得克扣、拖欠或者挪用。

国家根据经济发展以及职工平均工资增长、物价上涨等情况，适时提高养老保障水平。

第三十五条 国家鼓励慈善组织以及其他组织和个人为老年人提供物质帮助。

第三十六条 老年人可以与集体经济组织、基层群众性自治组织、养老机构等组织或者个人签订遗赠扶养协议或者其他扶助协议。

负有扶养义务的组织或者个人按照遗赠扶养协议，承担该老年人生养死葬的义务，享有受遗赠的权利。

第四章　社会服务

第三十七条 地方各级人民政府和有关部门应当采取措施，发展城乡社区养老服务，鼓励、扶持专业服务机构及其他组织和个人，为居家的老年人提供生活照料、紧急救援、医疗护理、精神慰藉、心理咨询等多种形式的服务。

对经济困难的老年人，地方各级人民政府应当逐步给予养老服务补贴。

第三十八条 地方各级人民政府和有关部门、基层群众性自治组织，应当将养老服务设施纳入城乡社区配套设施建设规划，建立适应老年人需要的生活服务、文化体育活动、日间照料、疾病护理与康复等服务设施和网点，就近为老年人提供服务。

发扬邻里互助的传统，提倡邻里间关心、帮助有困难的老年人。

鼓励慈善组织、志愿者为老年人服务。倡导老年人互助服务。

第三十九条 各级人民政府应当根据经济发展水平和老年人服务需求，逐步增加对养老服务的投入。

各级人民政府和有关部门在财政、税费、土地、融资等方面采取措施，鼓励、扶持企业事业单位、社会组织或者个人兴办、运营养老、老年人日间照料、老年文化体育活动等设施。

第四十条 地方各级人民政府和有关部门应当按照老年人口比例及分布情况，将养老服务设施建设纳入城乡规划和土地利用总体规划，统筹安排养老服务设施建设用地及所需物资。

公益性养老服务设施用地，可以依法使用国有划拨土地或者农民集体所有的土地。

养老服务设施用地，非经法定程序不得改变用途。

第四十一条 政府投资兴办的养老机构，应当优先保障经济困难的孤寡、失能、高龄等老年人的服务需求。

第四十二条 国务院有关部门制定养老服务设施建设、养老服务质量和养老服务职业等标准，建立健全养老机构分类管理和养老服务评估制度。

各级人民政府应当规范养老服务收费项目和标准，加强监督和管理。

第四十三条 设立公益性养老机构，应当依法办理相应的登记。

设立经营性养老机构，应当在市场监督管理部门办理登记。

养老机构登记后即可开展服务活动，并向县级以上人民政府民政部门备案。

第四十四条 地方各级人民政府加强对本行政区域养老机构管理工作的领导，建立养老机构综合监管制度。

县级以上人民政府民政部门负责养老机构的指导、监督和管理，其他有关部门依照职责分工对养老机构实施监督。

第四十五条 县级以上人民政府民政部门依法履行监督检查职责，可以采取以下措施：

（一）向养老机构和个人了解情况；

（二）进入涉嫌违法的养老机构进行现场检查；

（三）查阅或者复制有关合同、票据、账簿及其他有关资料；

（四）发现养老机构存在可能危及人身健康和生命财产安全风险的，责令限期改正，逾期不改正的，责令停业整顿。

县级以上人民政府民政部门调查养老机构涉嫌违法的行为，应当遵守《中华人民共和国行政强制法》和其他有关法律、行政法规的规定。

第四十六条 养老机构变更或者终止的，应当妥善安置收住的老年人，并依照规定到有关部门办理手续。有关部门应当为养老机构妥善安置老年人提供帮助。

第四十七条 国家建立健全养老服务人才培养、使用、评价和激励制度，依法规范用工，促进从业人员劳动报酬合理增长，发展专职、兼职和志愿者相结合的养老服务队伍。

国家鼓励高等学校、中等职业学校和职业培训机构设置相关专业或者培训项目，培养养老服务专业人才。

第四十八条 养老机构应当与接受服务的老年人或者其代理人签订服务协议，明确双方的权利、义务。

养老机构及其工作人员不得以任何方式侵害老年人的权益。

第四十九条 国家鼓励养老机构投保责任保险，鼓励保险公司承保责任保险。

第五十条 各级人民政府和有关部门应当将老年医疗卫生服务纳入城乡医疗卫生服务规划，将老年人健康管理和常见病预防等纳入国家基本公共卫生服务项目。鼓励为老年人提供保健、护理、临终关怀等服务。

国家鼓励医疗机构开设针对老年病的专科或者门诊。

医疗卫生机构应当开展老年人的健康服务和疾病防治工作。

第五十一条　国家采取措施，加强老年医学的研究和人才培养，提高老年病的预防、治疗、科研水平，促进老年病的早期发现、诊断和治疗。

国家和社会采取措施，开展各种形式的健康教育，普及老年保健知识，增强老年人自我保健意识。

第五十二条　国家采取措施，发展老龄产业，将老龄产业列入国家扶持行业目录。扶持和引导企业开发、生产、经营适应老年人需要的用品和提供相关的服务。

第五章　社会优待

第五十三条　县级以上人民政府及其有关部门根据经济社会发展情况和老年人的特殊需要，制定优待老年人的办法，逐步提高优待水平。

对常住在本行政区域内的外埠老年人给予同等优待。

第五十四条　各级人民政府和有关部门应当为老年人及时、便利地领取养老金、结算医疗费和享受其他物质帮助提供条件。

第五十五条　各级人民政府和有关部门办理房屋权属关系变更、户口迁移等涉及老年人权益的重大事项时，应当就办理事项是否为老年人的真实意思表示进行询问，并依法优先办理。

第五十六条　老年人因其合法权益受侵害提起诉讼交纳诉讼费确有困难的，可以缓交、减交或者免交；需要获得律师帮助，但无力支付律师费用的，可以获得法律援助。

鼓励律师事务所、公证处、基层法律服务所和其他法律服务机构为经济困难的老年人提供免费或者优惠服务。

第五十七条　医疗机构应当为老年人就医提供方便，对老年人就医予以优先。有条件的地方，可以为老年人设立家庭病床，开展巡回医疗、护理、康复、免费体检等服务。

提倡为老年人义诊。

第五十八条　提倡与老年人日常生活密切相关的服务行业为老年人提供优先、优惠服务。

城市公共交通、公路、铁路、水路和航空客运，应当为老年人提供优待和照顾。

第五十九条　博物馆、美术馆、科技馆、纪念馆、公共图书馆、文化馆、影剧院、体育场馆、公园、旅游景点等场所，应当对老年人免费或者优惠开放。

第六十条　农村老年人不承担兴办公益事业的筹劳义务。

第六章　宜居环境

第六十一条　国家采取措施，推进宜居环境建设，为老年人提供安全、便利和舒适的环境。

第六十二条　各级人民政府在制定城乡规划时，应当根据人口老龄化发展趋势、老年人口分布和老年人的特点，统筹考虑适合老年人的公共基础设施、生活服务设施、医疗卫生设施和文化体育设施建设。

第六十三条 国家制定和完善涉及老年人的工程建设标准体系,在规划、设计、施工、监理、验收、运行、维护、管理等环节加强相关标准的实施与监督。

第六十四条 国家制定无障碍设施工程建设标准。新建、改建和扩建道路、公共交通设施、建筑物、居住区等,应当符合国家无障碍设施工程建设标准。

各级人民政府和有关部门应当按照国家无障碍设施工程建设标准,优先推进与老年人日常生活密切相关的公共服务设施的改造。

无障碍设施的所有人和管理人应当保障无障碍设施正常使用。

第六十五条 国家推动老年宜居社区建设,引导、支持老年宜居住宅的开发,推动和扶持老年人家庭无障碍设施的改造,为老年人创造无障碍居住环境。

第七章　参与社会发展

第六十六条 国家和社会应当重视、珍惜老年人的知识、技能、经验和优良品德,发挥老年人的专长和作用,保障老年人参与经济、政治、文化和社会生活。

第六十七条 老年人可以通过老年人组织,开展有益身心健康的活动。

第六十八条 制定法律、法规、规章和公共政策,涉及老年人权益重大问题的,应当听取老年人和老年人组织的意见。

老年人和老年人组织有权向国家机关提出老年人权益保障、老龄事业发展等方面的意见和建议。

第六十九条 国家为老年人参与社会发展创造条件。根据社会需要和可能,鼓励老年人在自愿和量力的情况下,从事下列活动:

(一)对青少年和儿童进行社会主义、爱国主义、集体主义和艰苦奋斗等优良传统教育;

(二)传授文化和科技知识;

(三)提供咨询服务;

(四)依法参与科技开发和应用;

(五)依法从事经营和生产活动;

(六)参加志愿服务、兴办社会公益事业;

(七)参与维护社会治安、协助调解民间纠纷;

(八)参加其他社会活动。

第七十条 老年人参加劳动的合法收入受法律保护。

任何单位和个人不得安排老年人从事危害其身心健康的劳动或者危险作业。

第七十一条 老年人有继续受教育的权利。

国家发展老年教育,把老年教育纳入终身教育体系,鼓励社会办好各类老年学校。

各级人民政府对老年教育应当加强领导,统一规划,加大投入。

第七十二条 国家和社会采取措施,开展适合老年人的群众性文化、体育、娱乐活动,丰富老年人的精神文化生活。

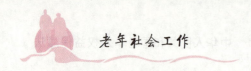

第八章　法律责任

第七十三条　老年人合法权益受到侵害的，被侵害人或者其代理人有权要求有关部门处理，或者依法向人民法院提起诉讼。

人民法院和有关部门，对侵犯老年人合法权益的申诉、控告和检举，应当依法及时受理，不得推诿、拖延。

第七十四条　不履行保护老年人合法权益职责的部门或者组织，其上级主管部门应当给予批评教育，责令改正。

国家工作人员违法失职，致使老年人合法权益受到损害的，由其所在单位或者上级机关责令改正，或者依法给予处分；构成犯罪的，依法追究刑事责任。

第七十五条　老年人与家庭成员因赡养、扶养或者住房、财产等发生纠纷，可以申请人民调解委员会或者其他有关组织进行调解，也可以直接向人民法院提起诉讼。

人民调解委员会或者其他有关组织调解前款纠纷时，应当通过说服、疏导等方式化解矛盾和纠纷；对有过错的家庭成员，应当给予批评教育。

人民法院对老年人追索赡养费或者扶养费的申请，可以依法裁定先予执行。

第七十六条　干涉老年人婚姻自由，对老年人负有赡养义务、扶养义务而拒绝赡养、扶养，虐待老年人或者对老年人实施家庭暴力的，由有关单位给予批评教育；构成违反治安管理行为的，依法给予治安管理处罚；构成犯罪的，依法追究刑事责任。

第七十七条　家庭成员盗窃、诈骗、抢夺、侵占、勒索、故意损毁老年人财物，构成违反治安管理行为的，依法给予治安管理处罚；构成犯罪的，依法追究刑事责任。

第七十八条　侮辱、诽谤老年人，构成违反治安管理行为的，依法给予治安管理处罚；构成犯罪的，依法追究刑事责任。

第七十九条　养老机构及其工作人员侵害老年人人身和财产权益，或者未按照约定提供服务的，依法承担民事责任；有关主管部门依法给予行政处罚；构成犯罪的，依法追究刑事责任。

第八十条　对养老机构负有管理和监督职责的部门及其工作人员滥用职权、玩忽职守、徇私舞弊的，对直接负责的主管人员和其他直接责任人员依法给予处分；构成犯罪的，依法追究刑事责任。

第八十一条　不按规定履行优待老年人义务的，由有关主管部门责令改正。

第八十二条　涉及老年人的工程不符合国家规定的标准或者无障碍设施所有人、管理人未尽到维护和管理职责的，由有关主管部门责令改正；造成损害的，依法承担民事责任；对有关单位、个人依法给予行政处罚；构成犯罪的，依法追究刑事责任。

第九章　附　则

第八十三条　民族自治地方的人民代表大会，可以根据本法的原则，结合当地民族风俗习惯的具体情况，依照法定程序制定变通的或者补充的规定。

第八十四条　本法施行前设立的养老机构不符合本法规定条件的，应当限期整改。具体办法由国务院民政部门制定。

第八十五条　本法自 2013 年 7 月 1 日起施行。

附录 2 老年社会工作服务指南（节选）

1 范围

本标准规定了老年社会工作的术语和定义、服务宗旨、服务内容、服务方法、服务流程、服务管理、人员要求和服务保障等。

本标准适用于社会工作者面向有需要的老年人及其家庭开展的社会工作服务。

2 规范性引用文件

下列文件对于本文件的应用是必不可少的。凡是注日期的引用文件，仅所注日期的版本适用于本文件。凡是不注日期的引用文件，其最新版本（包括所有的修改单）适用于本文件。

养老机构基本规范（GB/T 29353—2012）。

社会工作服务项目绩效评估指南（MZ/T 059—2014）。

3 术语和定义

下列术语和定义适用于本文件。

3.1 老年社会工作服务

以老年人及其家庭为对象，旨在维持和改善老年人的社会功能、提高老年人生活和生命质量的社会工作服务。

3.2 老年社会工作者

从事老年社会工作服务且具有资质的社会工作人员。

3.3 适老化环境改造

针对老年人的身体机能及特点，设计和改造适合老年人生活的住宅、公共设施和社区环境等活动。

3.4 老年临终关怀

为满足临终老年人及其家属的生理、心理、人际关系及信念等方面的需要，开展的医疗、护理、心理支持、哀伤辅导、法律咨询等服务。

4 服务宗旨

4.1 老年社会工作服务应致力于实现老有所养、老有所医、老有所为、老有所学、老有所乐。

4.2 老年社会工作服务应遵循独立、参与、照顾、自我实现、尊严的原则，促进老年人角色转换和社会适应，增强其社会支持网络，提升其晚年的生活和生命质量。

5 服务内容

老年社会工作服务的内容主要包括救助服务、照顾安排、适老化环境改造、家庭辅导、精神慰藉、危机干预、社会支持网络建设、社区参与、老年教育、咨询服务、权益保障、政策倡导、老年临终关怀等。

5.1 救助服务

主要包括以下内容：

——评估老年人，特别是空巢、高龄、失能、计划生育特殊家庭老年人基本物质生活条件和经济状况；

——协助符合条件的老年人申请政府最低生活保障、特困人员供养、受灾人员救助、医疗救助、住房救助、临时救助等社会救助；

——协助有需要的老年人获得单位和个人等社会力量的捐赠、帮扶和志愿服务；

——提供相应的心理疏导、能力提升、社会融入等服务。

5.2 照顾安排

主要包括以下内容：

——组织开展老年人能力评估，包括日常生活活动、精神状态、感知与沟通、社会参与等方面内容，为老年人建立照顾档案；

——协助有需要的老年人获得居家照顾和社区日间照料等服务；

——协助有需要的老年人申请机构养老服务；

——协调老年人的长期照护安排，特别是居家照顾、社区日间照料和机构照顾之间的衔接；

——协助照顾者提升照顾技能。

5.3 适老化环境改造

主要包括以下内容：

——协调开展老年人居住环境安全评估；

——帮助老年人，特别是失能、失智等有需要的老年人及家庭申请政府与社会资助，改造室内照明、防滑措施、安装浴室扶手等，减少老年人跌倒等意外风险。

5.4 家庭辅导

主要包括以下内容：

——协助老年人处理与配偶的关系；

——协助老年人处理与子女等的家庭内代际关系；

——提供老年人婚恋咨询和辅导。

5.5 精神慰藉

主要包括以下内容：

——识别老年人的认知和情绪问题，必要时协调专业人士进行认知和情绪问题的评估或诊断；

——为有需要的老年人提供心理辅导、情绪疏解、认知调节，帮助老年人摆脱抑郁、焦虑、孤独感等心理问题困扰；

——协助老年人获得家属及亲友的尊重、关怀和理解；

——帮助老年人适应角色转变，重新界定老年生活价值，认识人生意义，激发生活的信心和希望。

5.6 危机干预

主要包括以下内容：

——识别并评估老年人所面临的危机，包括危机的来源、危害程度、老年人应对危机的能力、以往应对方式及效果等；

——统筹制定危机干预计划，包括需要干预的问题或行为、可采用的策略、可获得的社会支持、危机介入小组的建立及分工、应急演练、信息沟通等；

——及时处理最迫切的问题，特别是自杀、伤及他人等可能危及生命安全的行为问题。必要时，协调其他专业力量的支援，对老年人进行身体约束或其他限制行为；

——进行危机干预的善后工作，包括对介入对象的回访、开展危机介入工作评估和小结、完善应急预案以预防同类危机的再发生等。

5.7 社会支持网络建设

主要包括以下内容：

——对老年人的社会支持网络进行评估，包括个人层面可给予支持的人数、类型、距离及所发挥的功能，以及社区层面老年人群的问题与需求、资源配置情况及需求满足情况；

——综合使用各种策略以强化老年人社会支持网络，包括个人增能与自助、家庭照顾者支持、邻里互助、志愿者链接、增强社区权能等；

——巩固社会支持网络成效，建立长效机制。

5.8 社区参与

主要包括以下内容：

——开展适合老年人的文化、体育、娱乐等各项活动，培养老年人兴趣团体，提升老年人的社会活跃度，丰富老年人的社会生活；

——组织老年人积极参与各项志愿服务，培育老年志愿者队伍，发展老年志愿服务团体；

——支持老年人参与社区协商，为社区发展出谋划策；

——拓展老年人沟通和社区参与的渠道，促进老年人群体的社会融合。

5.9 老年教育

主要包括以下内容：

——评估老年人兴趣爱好及教育需求；

——推动建立老年大学、老年学习社等多种类型的老年人学习机构和平台；

——开展有关健康教育、文化传统、安全防范、新兴媒介使用等方面的学习培训课程；

——鼓励和支持老年人组建各种学习交流组织，开展各种学习研讨活动，扩大老年人的社会交往范围；
——鼓励老年人将学习成果转化运用和传承，鼓励代际之间相互学习、增进理解。

5.10 咨询服务
主要包括以下内容：
——协调相关专业人士为老年人提供政策咨询、法律咨询、健康咨询、消费咨询等服务；
——完善老年人信息提供和问询解答的机制和流程。

5.11 权益保障
主要包括以下内容：
——维护和保障老年人财产处置和婚姻自由的权益；
——发现并及时举报老年人受虐待、遗弃、疏于照顾等权益损害事项；
——开展社会宣传和公众教育，防止老年人受到歧视、侮辱和其他不公平、不合理对待；
——协助符合条件的老年人享受社区和机构的各项养老服务，获得老年人补贴和高龄津贴等。

5.12 政策倡导
主要包括以下内容：
——研究、分析与老年人相关的法律法规及社会政策中在制定和执行中的不完善与不合理内容，向相关职能部门提出政策完善建议；
——对社会公众进行教育、宣传，树立对老年人群体的客观、公正的社会评价。

5.13 老年临终关怀
主要包括以下内容：
——开展生命教育，帮助老年人树立理性的生死观；
——协调医护人员做好临终期老年人的生活照料和痛症管理；
——密切关注老年人的情绪变化，提供相应的心理支持；
——协助老年人完成未了心愿及订立遗嘱、器官捐献等法律事务；
——协助老年人及家属、亲友和解和告别等事宜；
——协调为老年人提供精神层面的支持；
——为有需要的老年人及家属提供哀伤辅导服务。

6 服务方法

6.1 基础方法
老年社会工作者可以根据实际情况综合运用个案工作、小组工作、社区工作等社会工作直接服务方法及社会工作行政、社会工作研究等间接服务方法。

6.2 针对特定需要的介入方法

6.2.1 缅怀治疗
6.2.1.1 老年社会工作者协助老年人缅怀过去，找回以往的正面事件和感受，从正面的角度去理解和面对过去的失败与困扰，从而肯定自己，适应现在的生活状况。
6.2.1.2 主要适用于帮助老年人缓解抑郁、轻度失智等问题。

6.2.2 人生回顾
6.2.2.1 老年社会工作者引导老年人通过生命重温，帮助老年人处理在早期生活中还没有妥善处理的问题，从而解决长期的心结。

6.2.2.2 主要适用于帮助老年人处理长期的情绪问题。

6.2.3 现实辨识

6.2.3.1 老年社会工作者通过向老年人提供持续的刺激和适当的环境提示，帮助他们与现实环境接轨。

6.2.3.2 主要适用于预防和缓解老年人认知混乱、记忆力衰退。

6.2.4 动机激发

6.2.4.1 老年社会工作者通过协助老年人接触他人、参加群体活动，激发老年人对现在和未来生活的兴趣。

6.2.4.2 主要适用于预防、缓解老年人社交能力受损、负面情绪等。

6.2.5 园艺治疗

6.2.5.1 老年社会工作者组织和协助老年人参与园艺活动，接触自然，舒缓压力，复健心灵。

6.2.5.2 主要适用于预防和缓解老年人身体和精神的衰老。

6.2.6 照顾管理

6.2.6.1 老年社会工作者综合评估老年人的需求，并计划、统筹、监督、再评估和改进服务，实现对老年人持续、全面的照顾。

6.2.6.2 主要适用于需要长期照护的老年人，以及具有多重问题和复杂需求的老年人。

7 服务流程

7.1 接案

老年社会工作者在接案过程中应完成下列工作，包括但不限于：
——收集老年人资料；
——了解老年人的问题和需要，决定是否需要紧急介入；
——评估老年人的问题解决是否在老年社会工作者的能力范围和机构能力范围内，必要时予以转介；
——与老年人或主要照顾者建立专业关系。

7.2 预估

老年社会工作者在预估过程中应完成下列工作，包括但不限于：
——优先评估老年人面临的风险，如健康、受虐、抑郁、自杀等；
——根据实际情况，协调进行跨专业、综合性评估，包括老年人的问题、需求和资源状况等；
——与老年人共同决定解决问题的优先次序。

7.3 计划

老年社会工作者在计划过程中应完成下列工作，包括但不限于：
——邀请老年人及其家庭参与服务计划制定；
——设定服务计划的目的和目标；
——目标的制定应符合具体、可衡量、可达成、可评估、有时限的SMART原则；
——制定介入策略、行动步骤及进度安排；
——拟定预期存在的困难、风险及其应对策略和预案；
——明确社会工作者、老年人和照顾者各自的任务和角色；

——制定过程评估和成效评估计划及指标;
——拟定服务所需的人力、经费、设备设施等资源保障。

7.4 介入
老年社会工作者在介入过程中应完成下列工作,包括但不限于:
——促使老年人、家庭及相关人员学会运用现有资源;
——对老年人与环境产生的冲突进行调解;
——运用各种能够影响老年人改变的力量帮助老年人实现积极的改变;
——采用优势视角,鼓励和协助老年人发挥潜能;
——注意发掘和运用老年人所在社区或机构的资源;
——协调和链接各种老年人服务的资源和系统;
——促进老年人所处的环境的改善;
——促进老年人政策的改善。

7.5 评估
老年社会工作者在评估过程中要完成下列工作,包括但不限于:
——根据服务计划中制定的过程评估和成效评估计划开展评估;
——采取多种方式收集和分析与服务相关的资料,包括客观资料、主观感受与评价等;
——撰写评估报告。

7.6 结案
老年社会工作者在结案过程中应完成下列工作,包括但不限于:
——根据服务效果和具体情况确定能否结案;
——巩固老年人及所处环境已有的改变;
——增强老年人独立解决问题的能力和信心;
——避免或妥善处理因结案产生的负面情绪;
——结案后提供跟进服务。

参 考 文 献

[1] 徐月宾，郭名倞. 老年社会工作实务［M］. 北京：中国社会出版社，2015.
[2] 程胜利，等. 瑞典社会工作［M］. 北京：中国社会出版社，2013.
[3] 李洪心，李巍，人口老龄化与老年服务业发展研究［M］. 北京：科学出版社，2018.
[4] 张程. 未富先老 老何所依［J］. 检察风云，2020（02）：66.
[5] 王省予. 世界人口老龄化与人均消费的实证研究［J］. 商情，2018（13）：44+293.
[6] 梅陈玉蝉，齐铱、徐永德. 老年社会工作［M］. 上海：格致出版社，2009.
[7]［美］彼得·德鲁克. 下一个社会的管理［M］. 蔡文燕，译. 北京：机械工业出版社，2018.
[8] 范明林. 老年社会工作［M］. 上海：上海大学出版社，2005.
[9] 卞国凤，陈宇鹏. 老年社会工作方法与实务［M］. 北京：北京师范大学出版社，2011.
[10] 郑轶. 个案工作实务［M］. 北京：中国轻工业出版社，2014.
[11] 尹新瑞. 案主自决与家长主义：社会工作中的伦理困境与张力［J］. 天府新论，2020（1）：103-114.
[12] 隋玉杰. 个案工作.［M］. 北京：中国人民大学出版社，2007.
[13] 包蕾萍，桑标. 习俗还是发生？——生命历程理论视角下的毕生发展［J］. 华东师范大学学报（教育科学版），2006（1）：49-55.
[14] 仝利民. 老年社会工作［M］. 上海：华东理工大学出版社，2008.
[15] 宋岳涛. CGA 老年综合评价［M］. 2版. 北京：中国协和医科大学出版社，2019.
[16] 唐宗琼. 老年及社区护理［M］. 北京：中国中医药出版社，2015.
[17] 赵学慧. 老年社会工作理论与实务［M］. 北京：北京大学出版社，2013.
[18] 范明林. 老年社会工作案例评析［M］. 上海：华东理工大学出版社，2010.
[19] 凯瑟琳·麦金尼斯-迪特里克. 老年社会工作：生理、心理及社会方面德评估和干预［M］. 2版. 隋玉杰，译. 北京：中国人民大学出版社，2008.
[20] 田兰宁. 老年人能力评估基础操作指南［M］. 北京：中国社会出版社，2016.
[21] 祁峰. 英国的社区照顾及其启示［J］. 西北人口，2010（6）：20-24+28.
[22] 张红，李宣. 社区照顾的中国契合性研究［J］. 社会工作与管理，2018，18（3）：67-71+83.
[23] 吴华，张韧韧. 老年社会工作［M］. 北京：北京大学出版社，2011.
[24] 邰凯英. PPP 模式应用于中国社区居家养老服务研究［J］. 现代管理科学，2015（9）：82-84.
[25] 董晓英. 国内外老年人社会支持与社会网络研究综述［J］. 经济师，2016（12）：75-77.

[26] 李小亮. 巧妙应对"顾客、诉客和访客"[J]. 中国社会工作, 2012（9）: 51-52.

[27] 邬沧萍. 老年人长期照料护理的社会政策和产业开发刍议[M]. 北京: 华龄出版社, 2001.

[28] 徐祖荣. 城市社区照顾模式探析[J]. 中国发展, 2008, 8（1）: 28-33.

[29] 李颖奕. 居家照护: 需求导向的老年人照护模式[J]. 社会科学家, 2007, 124（2）: 139-142.

[30] 黄天雯, 张小燕, 成守珍, 等. 试论适合城市社区发展的老年慢性病人出院后照护模式的构建[J]. 中国实用护理杂志, 2009, 25（4）: 51-53.